天籁 神迹

王其冰 著

上海交通大学出版社
SHANGHAI JIAO TONG UNIVERSITY PRESS

美丽高棉

BEAUTIFUL KHMER

内容提要

《美丽高棉》是上海交通大学出版社"博物学文化丛书"之一。作为新华社外派柬埔寨金边的首席记者，作者王其冰在近三年中在柬埔寨境内采访、考察，行程累计达五万千米。书中用文字和图片细致记述了柬埔寨的山川、动物、植物、人物、建筑和风俗，融入了作者对这个国家的历史、文化、社会的细节感悟，也表达了作者心底那份深沉的博物情怀。本书依据亲身经历撰写，叙述清晰、图文并茂，适合旅行者、博物爱好者阅读。

图书在版编目（CIP）数据

美丽高棉 / 王其冰著 . —上海：上海交通大学出版社，2017

（博物学文化丛书）

ISBN 978-7-313-16461-2

Ⅰ . ①美… Ⅱ . ①王… Ⅲ . ①柬埔寨 – 概况 Ⅳ . ① K933.5

中国版本图书馆 CIP 数据核字〔2016〕第 324342 号

美丽高棉

著　　者：王其冰

出版发行：上海交通大学出版社　　　　　　地　　址：上海市番禺路 951 号

邮政编码：200030　　　　　　　　　　　　电　　话：021-64071208

出 版 人：郑益慧

印　　制：山东鸿君杰文化发展有限公司　　经　　销：全国新华书店

开　　本：787mm×960mm　1/16　　　　　印　　张：13.75

字　　数：112 千字

版　　次：2017 年 3 月第 1 版　　　　　　印　　次：2017 年 3 月第 1 次印刷

书　　号：ISBN 978-7-313-16461-2/K

定　　价：68.00 元

博物学文化丛书

总序

丛书主编 刘华杰

博物学（natural history）是人类与大自然打交道的一种古老的适应于环境的学问，也是自然科学的四大传统之一。它发展缓慢，却稳步积累着人类的智慧。历史上，博物学也曾大红大紫过，但最近被迅速遗忘，许多人甚至没听说过这个词。

不过，只要看问题的时空尺度大一些，视野宽广一些，就一定能够重新发现博物学的魅力和力量。说到底，"静为躁君"，慢变量支配快变量。

在西方古代，亚里士多德及其大弟子特奥弗拉斯特是地道的博物学家，到了近现代，约翰·雷、吉尔伯特·怀特、林奈、布丰、达尔文、华莱士、赫胥黎、梭罗、缪尔、法布尔、谭卫道、迈尔、卡逊、劳伦兹、古尔德、威尔逊等是优秀的博物学家，他们都有重要的博物学作品存世。

这些人物，人们似曾相识，因为若干学科涉及他们，比如某一门具体的自然科学，还有科学史、宗教学、哲学、环境史等。这些人曾被称作这个家那个家，但是，没有哪一头衔比博物学家（naturalist）更适合于描述其身份。中国也有自己不错的博物学家，如张华、郦道元、沈括、徐霞客、朱橚、李渔、吴其濬、竺可桢、陈兼善等，甚至可以说中国古代的学问尤以博物见长，只是以前我们不注意、不那么看罢了。

长期以来，各地的学者和民众在博物实践中形成了丰富、精致的博物学文化，为人们的日常生活和天人系统的可持续生存奠定了牢固的基础。相比于其他强势文化，博物学文化如今显得低调、无用，但自有其特色。博物学文化本身也非常复杂、多样，并非都好得很。但是，其中的一部分对于反省"现代性逻辑"、批判工业化文明、建设生态文明，可能发挥独特的作用。人类个体传习、修炼博物学，能够开阔眼界，也确实有利于身心健康。

中国温饱问题基本解决，正在迈向小康社会。我们主张在全社会恢复多种形式的博物学教育，也得到一些人的赞同。但对于推动博物学文化发展，正规教育和主流学术研究一时半会儿帮不上忙。当务之急是多出版一些可供国人参考的博物学著作。总体上看，国外大量博物学名著没有中译本，比如特奥弗拉斯特、老普林尼、格斯纳、林奈、布丰、拉马克等人的作品。我们自己的博物学遗产也有待细致整理和研究。或许，许多人、许多出版社多年共同努力才有可能改变局面。

上海交通大学出版社的这套"博物学文化丛书"自然有自己的设想、目标。限于条件，不可能在积累不足的情况下贸然全方位地着手出版博物学名著，而是根据研究现状，考虑可读性，先易后难，摸索着前进，计划在几年内推出约二十种作品。既有二阶的，也有一阶的，比较强调二阶的。希望此丛书成为博物学研究的展示平台，也成为传播博物学的一个有特色的窗口。我们想创造点条件，让年轻朋友更容易接触到古老又常新的博物学，"诱惑"其中的一部分人积极参与进来。

2015 年 7 月 2 日于北京大学

一场全新的认知和检视

俱孟军　新华社亚太总分社前社长

我和其冰相识多年，她是我的同事，也是我的益友。

2014 年 5 月，其冰尚在柬埔寨派驻任期，中间到香港开会。饭后有一小段自由时间，她主动提议"去书店转转吧"。在铜锣湾诚品书店，她在书海中流连忘返，安静、仔细而认真，最后挑选了十几本书，包括一直在畅销书榜上、普立兹新闻奖得主布林克里的《柬埔寨：被诅咒的国度》。无论身处何方，其冰对柬埔寨，已然抱持着深厚情感和理性思考。

这种情感和思考，在《美丽高棉》这本书中，一一得到了展现。对新闻工作者来说，"在现场"是探究真相的第一原则；对其冰而言，派驻柬埔寨的三年时光，她步履不停，行迹辽阔，真正践行了这一点。以工作驻地为中心，其冰的视野从首都金边，延伸至大小城镇乃至边陲，有举世闻名的吴哥窟古迹，也有鲜为人知的偏远乡村。她以记者的敏锐眼光和新闻视角，书写着这片国度的威仪与神秘，温柔与骄傲，也将柬埔寨的时代声音，传递至世界各地。

其冰对文字要求严谨细致，对知识具有探索式的执着钻研，这种治学精神根基于她对高棉土地和人民的热爱，也承托着她对历史、宗教和哲学的敬畏与尊重。在持续累积的行走、记录、观察和研究中，其冰梳理出一张属于她的高棉时空版图——建立于9世纪吴哥王朝的高棉帝国，在她的眼中"光芒耀眼，亮丽得出人意料"，乃至离开时"生出乡愁"。这份情感浓重丰厚，跨越了故乡与异乡，也跨越了历史与现实。

对于不太了解柬埔寨的人来说，这本书是非常完整的博物学百科全书，从文字、语言、种族到文化、历史与宗教，蕴含着有关柬埔寨数个朝代的溯源与演变。对于有兴趣了解柬埔寨的人来说，这本书气质温和平缓，但积累着丰富精致的人类智慧，同时也在召唤着一场全新的认知和检视。

毫无疑问，其冰深深热爱着柬埔寨。这种热爱究竟从何而来？或许她在书中已经给出答案——为了"理解他者文化的能力"，这不仅是其冰努力追求的，也是中国现在迫切需要的。

2016年12月于香港

博物行天下

刘华杰　北京大学哲学系教授

旅行，自成一体，可以与博物不直接发生关系。但是，有了博物的视角，旅行起来则大不一样。如果能顺便写点东西，于己于人，都大有裨益。

许多自然笔记、游记属于标准的博物学，古今中外都有大量的博物游记。徐霞客、奥斯贝克、A.洪堡、达尔文、华莱士、E.威尔逊、牧野富太郎、哈金森等博物学家都留下了珍贵、有趣的游记、日记。多年之后，这些非体系化的文字，反而成了当时自然、社会相对真实的记录，甚至成为重要的史料。

旅行分许多类别，有些侧重人文，有些侧重自然。旅行的部分目的是感受和学习。到他乡观察、感受、学习大自然的什么？海洋、山脉、岩石、动物、植物、生态、美食、服饰、风土人情，都是旅行的要素，是花钱、花时间才有机会相遇的。很难设想，没有足够的博物情怀和名物、自然知识，旅行的品质会大打折扣。游名山大川或荒山野岭，有点地学知识，知道河曲、阶地、三角洲、火成岩、变质岩、沉岩石、花岗岩、白云岩、板岩、安山岩，知道断层、褶皱、节理、解理、云母、石英、正长石、石榴子石、萤石、蚀变、球形风化，适当与以前的知识和经验进行对比，旅行的收获将加倍。见"水行其中，石峙于上，为态为色，为肤为骨，备极妍丽"，想板块纵横、槽台起伏，感宇宙洪荒、沧海桑田，岂不妙哉？身处异国他乡，见美花奇草，不仅仅停留于赞叹，而是努力与家乡的种类进行比对，知道她们所在的"科"（family），甚至亲自动手查出她们的学名，收获怎可以用钞票计？品尝美妙的水果、菜蔬、海鲜，却不知道食材的名字或者所属的大类，虽然不影响牙齿的咀嚼和肠胃的消化，却影响生活的品位和情趣。

人文与自然，本是不分的。"一方水土养一方人"，说的便是某一地区人类社会的发展奠基于特定大自然的环境之上。博物虽然侧重自然，但是单纯的自然不成为博物，广义的博物从来不有意排除人的活动。布须曼人、阿兹特克人、哈尼族人、藏族人、越南人、柬埔寨人、夏威夷人与大自然打交道，积累了丰富的在地知识、生存智慧，它们构成了重要的旅游资源，也是人类学、社会学、博物学、生物学、民族学、生态学要深入探究的内容。当年我们为云南普洱生态旅游规划提出"两多固本、生态好在"八个字，就充分考虑了博物学。"两多"的意思是生物多样性和民族文化多样性，两者是密切相关的。"两多"的保护、巩固，是旅游业可持续发展的重要基础。

不过，在现实中，主管部门和相关业内人士并未充分意识到博物学对于资源保护、生态旅游开发的重要性,导游培训也未加入博物一项。中国绝大多数自然保护区、旅游景区甚至连基本的物种手册都没有,环保、教育功能的发挥受到相当的限制。希望不远的将来,这一切都能改变。

本书作者王其冰是我高中时的同学。记得读高二(1983年)时我和其冰、乔彦明、牛朗等一同参加了全国地学夏令营(总营长是北京大学的侯仁之先生)吉林分营(营长是长春地质学院的董申葆先生)的活动,一起在净月潭采古米海蚌化石、观伊通玄武岩节理、游吉林北山公园和丰满水库等,我就是在那时对地质学产生兴趣的。此四人中一位后来到了清华,两位到了北大,一位到了浙大。其冰兄妹三人中她属老小,三人本科都毕业于北京大学,专业分别是地球物理、历史和哲学。在我们老家吉林通化,考上北大的屈指可数,而他们一家就占了三位!高中时其冰学文,我学理,1984年她考到了北大哲学系,我考到了北大地质学系。本科毕业后她改学新闻并在新华社就职,我则改学哲学并在大学教书。

因工作需要其冰受派到柬埔寨,足迹遍布全国,对高棉自然、人文都有深切的感受和认知。我因主持此博物学文化丛书便向其冰约稿。起初她有些犹豫,我则说很多中国人想了解柬埔寨,你有责任分享自己的经验啊,于是有了这部《美丽高棉》。谢谢其冰!

刘华杰

北京大学哲学系

2016 年 12 月 22 日

1
─
2
─
3

1 香蕉花
2 柬埔寨土地上的糖棕树
  （周达观在《真腊风土记》
  中记为"桄榔木"）
3 蛤蚧

高棉静物

我把从柬埔寨带回来的东西从纸箱里拿出来时，发现有的礼物只能留给自己：白色的细沙、黑色的树种、赭黄色的陶罐。这些放在阳台上让人想起油画静物的东西，都不能作为精致的礼物赠送他人，除了太粗糙的缘故，主要是我没法送出它们背后的故事。

临走时仔细在箱子里放了两个土陶大花瓶，想作为给亲近朋友的礼物。瓶身高近半米，从上到下凸起着黑金色的向日葵，是梵高眼睛里的向日葵，塑在高棉人的黏土上。狂热，已然凝固成泥土。

我在金边市中心的铅笔超市（Pencil Market）看到了它们，被迷惑住，此后就一遍又一遍地跑去看。这家铅笔超市在214街上，顺着这条街向东走，就到了河边，是全世界著名的湄公河，不，应该说是金边的地理标志——四面河。

　　但这家铅笔超市真是冷清，很少有人光顾。这些加入欧洲艺术元素的高棉土陶花瓶摆满了三层货架，好久不见人来问津。瓶底的价签几经涂改，有时是 20 美元，有时是 18 美元，但总是卖不出去。

　　终于，有一天我跑去看，发现它们全都被下架了，不知去了哪里。幸亏有一次我没有忍住，买了两个回去。但是这两个绝品，经过从金边到北京的航班颠簸，已成了碎片。

　　碎片也还留着，放在阳台上，小小的陶片闪着银灰黑金的暗光，塑成一朵朵狂热的向日葵。但我没法拿出来送人，怕被嘲笑太文艺。况且，这里面的小故事对别人来说也没有太大意义。

　　白沙更为沉默安静。不曾想到这些来自西哈努克港海滩上的白沙会在角落里陪伴我两年还多。那是第一次到西哈努克港时从海滩上取的。同去的柬埔寨朋友李财特意拿了两个矿泉水瓶装沙，说是要带回去给朋友治疗皮肤病的。我当时凑趣也装了两小瓶，回到金边就放在办公室的一个角落里。过了两年多，驻地从独立碑附近的 294 街迁到北边的 240 街，搬家时敏母从屋角拿出这两个瓶子问"带不带"，我说"那就带上吧"。过了不久我收拾行囊准备回乡，看看这两个小瓶，想想它默默地跟了我这么些日子，也就装进了箱子里。

　　我确实已不记得当时是怎么把沙子从沙滩上捧起，又是怎么装入细小的瓶颈的。只记得那个夜晚我们从白沙滩走过一家酒吧，酒吧的桌椅就散放在黑漆漆的海滩上，一盏盏灯火在各处跳跃。那些灯火真是店主信手拈来的神作：方柱状的透明塑胶饮料大桶被剪去瓶颈部分，内盛半桶细沙，当中插上一枝燃烛。这样的灯风吹不灭，浪打不走。海滩的另一处，是一群柬埔寨少男少女，他们在海滩上用蜡烛插出一个大大的心形，围在一起为其中的某一位过生日。我们走回海边客栈，在屋顶拿出iPad对照星图，想看看头顶上的陌生星空与故国神州有何不同，但是后来发现，其实我们对自己原来头上的那一片星空也不熟悉。

树种对中国人可能是珍贵的，特别是黄花梨的种子。中国人喜欢红木，黄花梨算是红木的一种。黑色树种来自高盖——这个地方距古吴哥城有90多公里，对于国际游客而言是个陌生之地，对柬埔寨人民来说，也已经是一块被遗忘之地。高盖一度是吴哥王朝的都城，在公元10世纪的四五十年间迅速建立起雄伟的神殿。2013年5月间，我随古建筑学家温玉清博士一行到高盖探访，转了十几处人迹罕至的古庙。那时正值树种成熟时节，每处古寺院都落有黑色的种子。温博士说是黄花梨种子，"在暹粒，小贩们向游人兜售用这种树粒做的装饰品，1美元1粒"。我们为此很兴奋，打趣说可以发财了，每个人都拾了一些。在自然界里，物种本无贵贱之分。我想不到黄花梨那么坚硬的材质，那么漂亮的纹理，最初的阶段就像豆子发芽。高盖有成片的树林，柬埔寨人游玩时在水塘边留下食用后的种子壳和烧烤痕迹，想必是好吃的。它们也是蚂蚁的爱物。在一处古庙，我们受到蚂蚁的攻击，估计是缘于我们动了它们的"奶酪"。（后来我把几粒树种带给北京大学的刘华杰教授，经他鉴别，认为这不是黄花梨种子，而是缅茄木种子。我在柏威夏寺柬泰边界线倒是拍到了高大的黄花梨木，树身上挂着有拉丁和柬文的标识牌。）

土陶罐来自磅清扬省竹井村一个家庭制陶作坊，距金边100公里。在作坊里劳作的几乎都是女性，从祖母到孙女。陶罐底部是圆的，坐不稳，

5 000 柬币一个，合 15 元多人民币。我带回来给索万看，问能做什么用。索万说，"用来烧饭、盛水，但柬埔寨城里几乎没有人用了"。陶罐的准确叫法应该是"土锅"。柬语"清扬"是"土锅"的意思，磅清扬的城标就是一只土锅。1296 年，从浙江温州出发的周达观应该在此逗留良久，因为他要等雨季来临，洞里萨河水涨满，才能从这个渡口发船，向高棉帝国的中心吴哥深入。周达观可算作是到达柬埔寨的第一个国际新闻记者，虽然那个时候媒体业尚未出现，但他的《真腊风土记》是杰出的新闻实录。700 多年后，我对照着这本书游览吴哥古迹，观察高棉民族风情，

金边郊外，满载土陶器的牛车

竟感觉到历史与现实、故乡与异域如此贴近。柬埔寨是静止的，时间不过是物理学的一种描述方式。

柬埔寨1953年从法国殖民统治下独立出来。此前近100年间，法国人以迷恋的情绪统治着这片土地。静止——是制造迷恋的重要元素。

但柬埔寨毕竟是生动的，正如所有的静物都有着流动的记忆。

目录

壹·人居

俯瞰金边城及四臂湾

　　"金边"这一名称与"金"字毫不沾边儿，柬埔寨人把这座城叫作"普农奔"，金边是其汉译名称。英文拼作"Phnom Penh"，意为"奔夫人的山"。奔夫人山是指一座山寺，现在是金边城市的地标和原点，当地华人称之为"塔仔山"；高棉人叫它"Wat Phnom"，"Wat"意为"寺庙"，"Phnom"意为"山"，在"孤独星球"系列丛书之《柬埔寨》中文版中写作"沃翁"。

　　塔仔山也是一个交通环岛，南面立有奔夫人的像，昭告这座城市的来历。传说，早先居住在这里的一位名叫"Penh"的妇人，从河里打捞出四尊佛像，为供奉它们而堆起"Phnom"（发音近"普农"，意为"山"），从此有了金边城。如果想知道当地人口里称呼的"普农奔"最终如何变音成"金边"，则需要用潮汕或闽吴各地方言测试。

但是金边的确是一座金光耀眼的城市，亮丽得出人意料。

我初到金边是在深夜里，对机场到城区的俄罗斯大道心存感激：感谢有灯光，感谢让我来到一座夜晚有光明的城市。希望夜里有灯光不算奢望，但是考虑到这个国家结束战争状态不过 20 年，考虑到它一直需要大量的国际援助，考虑到它在外派国家名单上被列为艰苦地区，看到城市街道上深夜的灯光，不但喜出望外，同情心也得到慰藉。

金边是一座美丽的城市，它今天的街道格局是法国人统治时期的遗产，而点缀其间的王宫与六座金顶古佛寺，早在 15 世纪上半叶就有了。高棉研究者喜欢说，高棉是建造在信仰与水利基础上的国家，在吴哥如此，在金边也不离其宗：有人生活的地方必有佛寺，因为每一个柬埔寨人从出生、成长、婚嫁到离世，都离不开佛寺；至于水利，虽然金边不像吴哥地区一样池塘遍布，但洞里萨河与湄公河交汇形成的四面河，加上湄公河下游密布的河网，是金边城的天然水系，比起吴哥地区靠人力维护的水利工程，需要动员的人工劳力大为减少。

白天，在旱季耀眼灼热的阳光里，或者在雨季光影变幻的天空下，金边呈现出一派金光灿烂的景象。

20 世纪 60 年代的金边有"东方巴黎"之称。据说，新加坡的开国领导人李光耀访问柬埔寨时，对金边的繁荣羡慕不已。谁料 30 年之后，新加坡经济起飞，成为亚洲小龙，而柬埔寨则经历了长达 30 年的战争，落入贫困陷阱，一切都要重来。

1 柬越友谊纪念碑

2 金边莱福士酒店前的国际记者纪念碑。莱福士酒店原名皇家酒店，20世纪70年代前后是西方记者的集聚地

作为外国人，法新社记者钟斯万（Jon Swan）赶上了柬埔寨金色年代的尾巴。他在《时间之河》（*The River of Time*）中有过诗一般的描写：

> 1970 年初的金边让人心弛神迷：白天，长袍剃发的和尚在花树盛开的街道上游走，白衣蓝裙的女学生面带迷人微笑，举起茉莉花环让你拍照；晚上，在古老王宫前，恋人们沿着河畔悠然漫步。公园里有大象可以骑乘。叮叮当当的铃声，从金边塔山顶的圣寺传来。那座山是这座城市的由来。
>
> 闹闹哄哄的欧洲人离开以后，这里给人一种奇妙的感觉——时间仿佛静止不动了。战争正向这里走来，但优雅从容的生活并不是一夜间消失了，而是像一团绳线一样被逐渐拆解的。生命轮回流转，在家庭里，在佛教徒的节日里，在季节的哼唱里，一如高棉文化鼎盛时期的吴哥时代。

我和耀辉坐在面临四面河的泰坦尼克餐厅里，侍应生给我们端来两碗粿条，然后，又端来了咖啡——标准的金边早餐。粿条是潮州人带到柬埔寨的食物，是煮在汤里的米线，配以潮州牛肉丸或者牛杂，也有的配一般牛肉、猪肉、鸡肉或海鲜。这种华人特色饮食，如今已成为柬埔寨早餐的主流。咖啡也是早餐必不可少的组成部分，或热或冰，只管告诉店家，这又是法国遗风。

泰坦尼克餐厅和金边的游客中心设在一起，看上去像一艘泊在岸边的大船。沿河边从南向北经过王宫广场，向北不远处就是这座大船式建筑。王宫面向的四面河其实是湄公河与洞里萨河的交汇水域，华人称"四臂湾"，高棉人称"四面河"。大河相隔，这边是王城金边，那边是干拉省的乡村。每天有渡轮把对岸的人载过来，也载着成捆的香茅草、成筐的小青柠檬以及其他土产品到金边售卖。金边有大大小小的集市若干，我初来时，在王宫广场的北侧紧挨着王宫门口有一个小集市。而王宫里面，还住着国王。每逢公历 11 月份的送水节到来时，王宫前的河面会举行赛龙舟、放河灯，夜晚还会燃放烟花，而国王更会乘着大船出现在河上，为全体国民祝祷施福。送水节的日子里，人们一反节日回乡的流动方向，而是向金边聚集，在河边搭起集市，欢歌宴饮。

可惜我在金边时没有遇到这热闹场面。从 2011 年到 2013 年连续三年官家没有在金边河上举办送水节活动：2010 年河畔南段钻石岛发生踩踏事件后，紧接着 2011 年发大水，2012 年老国王辞世，2013 年洪灾，政府都在节日前宣布取消官方庆祝。柬民众巷议颇多，说是受到了某种诅咒。因为送水节活动也是王室的亲民活动，王室延绵，送水节庆典也该如此。

为此我问耀辉柬埔寨送水节习俗在金边是否一直隆重如国典？在红色高棉时期谁会出现在金边河上代替国王安抚万民？

"我不知道。那时候我还没出生呢。"他答道。

耀辉祖上是潮州人，可也是正经在金边出生的柬埔寨人，又在报馆工作，我常常当他是活资料库。

我对金边人长期怀有一种错觉：我以为每个人都是柬埔寨历史的载体，我可以从他们的记忆里下载任何一段历史。这个错觉产生于最先接触的李先生和曾先生。年近八旬的李先生是金边最大的华文学校端华学

1 话剧《这里是柬埔寨》表现柬埔寨人民近30年历史的多种人生

2 金边的"俄罗斯"市场内景

校的校长。我去拜访时，他自述经历了柬埔寨的六个朝代。在 21 世纪听到这样的表述令我大为吃惊。后来我在《柬华日报》曾经理的办公室里再一次听到类似的表述，但已不再感到惊奇，可以接下来问出下一个问题："那么您觉得哪一个朝代最好呢？"答曰："60 年代到朗诺政变前，西哈努克的年代吧。"

李先生经历的第一个"朝代"是法属印支联邦时期。法国人在金边留下数百栋法式建筑，至今还作为金边的重要地标和市政设施。3R 俱乐部的外国人喜欢把老火车站当作周日徒步金边活动的集合地点。游客如果想向家乡寄一张明信片的话只能去塔仔山东南面一条背街的老法国邮政局。20 世纪 30 年代法国人修建的圆顶六翼廊的新市场现在还叫新市场（柬语发音近"萨特梅"，因坐落在城中心，也叫"中央市场"）。

1953 年，西哈努克当上主权独立国家的国王；1970 年军人朗诺宣布在柬埔寨废黜君主制；到 1975 年 3 月，红色高棉军队占领金边，把金边居民强行迁往农村地区，国都成为弃城的历史在柬埔寨再次上演；1979 年 1 月 7 日，越南军队占领金边，柬埔寨开启了 10 年的越南军队占领模式；1993 年西哈努克国王归来，2012 年 10 月以太皇身份辞世：上述就是李先生所说的另五个朝代。

1975 年到 1979 年的金边是一座空城。红色高棉军队进城当天就把居民全部驱赶到广大的农村地区，城里留下大量的无主房产。20 世纪 80 年代初，金边人口陆续回迁。胆大的人先回城，打开空屋门就住下来。李财父母一家住在独立碑附近，我问他家是否官邸，怎么会在这么好的地段。他说，那时候都是无主房，先到者先得。耀辉一家住在乌亚西市场的一栋老民居的三层。耀辉说，当时父母亲回到金边时局势还不太平，为了安全，选择了楼上的房屋；可是如果当初选了底层，现在可以用来做经商的好铺面。

金边的金色年代正在回来。除从机场到市区的俄罗斯大道之外，金边城中心的主要街道或用王族的名字命名，或用五六十年代国际政坛上风云人物的名字命名。比如西哈努克大道、诺罗敦大道、莫尼旺大道、毛泽东大道、尼赫鲁大道、戴高乐大道、金日成大道……这些街道的命名大多产生在那个金色年代。现在这些街道上总会出现新的建筑，为这座城市增添新的景观。

初到金边时我多次迷失在金边白天错综繁复的古老街道里。直到有一天，金边城为老国王守丧的某一个午夜，大街上空无一人时，我驱车把圣者的名字所划出的街道都走了一遍。

夜幕之下，一个隐秘的常识向我昭然若揭：如果想拥有一座城市，得先用步履临摹它的街道，最后成为这个城市的一部分。

1 | 金边王宫前柬埔寨人在老国王西哈努克葬礼日诵经
2 | 远眺金边——湄公河渡船上

高棉少女颂唱国歌《柬埔寨王国》

柬埔寨与高棉人

我问柬埔寨人李财，你们好像有两个名字：柬埔寨和高棉，你喜欢用哪个名字称呼自己呢？

李财想了想，答：用高棉吧。

柬埔寨是国家的名称，柬埔寨的国民通常自称高棉人，所以近现代史上有"红色高棉"的称谓。

李财长着大大的眼睛，突显的双眼皮，厚嘴唇，面色黝黑，典型的高棉人面貌。

在吴哥的巴戎寺里带着神秘微笑的四面佛是这样的面貌，吴哥纪念品店里摆放的高棉帝国伟大建造者阇耶跋摩七世的头像也是这样的面貌。

关于高棉人的来历虽然不见正史，但也少有争议。传说一位印度婆罗门王子渡海到达柬埔寨，征服了（包含武力）当时原住民的公主柳叶，娶其为妻，他们所生的后代就是高棉人。现在如果你到暹粒旅游，会看到城中心有一家以"柳叶"命名的酒店。

这个传说至少解释了：一、为何李财的相貌有一点儿雅利安人的影子；二、为何柬埔寨与印度之间隔着好几个国家，却到处都是印度教的庙宇和神像。还解释了为何柬埔寨的古碑铭多是刻着两种文字：梵文和古高棉文。前者为婆罗门和王族使用，记载诸神之伟大，国王之功绩；后者用来记录凡俗事务，比如这个庙宇用了多少人力、多少财物。

在碑铭中，印度的婆罗门（即僧侣）把居住在这块土地上的人称作"Kambuja"（中国文献中的对音是"甘孛智"），即"Kambu"的后裔；把他们的国家叫作"Kambujadesa"，意为"甘孛智人的土地"。

柬埔寨人把自己的家园叫作"树的国度"（柬语音"Kok Thlok"，前一个音在柬语中意为"土地"，后一个音意为"树"），后来又有了"高棉国"的称谓——Srok Khmer，前音为"国家"之意，后音为"克蔑尔"，在现代中文里写作"高棉"。

高棉人的近邻和宿敌占婆（Campa），在碑铭中也以"高棉"指称柬埔寨。占婆是一个已经消失的古国，但郑和下西洋的随行通译兼记者马欢在其作品《瀛涯胜览》中记述的第一个"番国"就是占城（占婆）。占婆同暹

1 金边郊外集市上卖烤鸡的女孩
2 西哈努克省经济特区制衣厂女工的午休

1 金边中央市场出入口的占族女子
2 柬埔寨信众向僧侣敬奉饮食

罗人一样，一直与柬埔寨打来打去。伟大的吴哥城两次沦陷，其中一次就是遭占婆毁城。可惜占婆人运气不好——比不上另外一伙儿吴哥城的洗劫者暹罗人。国破山河弃，占婆遗民成为今日柬埔寨的一个少数族群，即"占族"，故国即在如今越南南部湄公河三角洲地区。暹罗即是让全世界人都没有陌生感的泰国，依然与柬埔寨毗邻而居，分享着高棉帝国时代的文化遗产，偶尔也有争夺——2011 年，为了争夺处于两国边境上的柏威夏寺这一混合印度教与佛教的文明遗产，两国不仅陈兵边境而且火拼，2014 年经过海牙国际法庭的裁判，这一世界文化遗产最后还是归属了柬埔寨。

了解一点柬埔寨的历史之后，我理解了当地华裔耀辉的话。他说，柬埔寨人表面看起来温和，其实内心骄傲。

那是当然了。如果透过吴哥壮观的遗迹回看历史，这种骄傲不能不滋长。

公元 12 ~ 13 世纪的世界是流动的。当马可·波罗走出威尼斯到达东方中国，为所见到的繁荣华美惊得瞪大眼睛的时候，从温州启航的周达观想必也为在真腊国所看到的壮丽建筑震撼不已。

吴哥王朝从 9 世纪建立起的高棉帝国至少绵延了 600 年，统治势力覆盖今天的柬埔寨、老挝、泰国及越南的部分疆域。周达观到达柬埔寨是在 1296 年，现在看来，彼时高棉帝国已经出现颓势，但是从《真腊风土记》中我们得知，周达观看到的仍是一个壮观的国家。

当时正是蒙古铁骑横扫欧亚的年代，这一条"上帝之鞭"只是在邻国属地挥舞，对于高棉帝国，蒙古设在中原的政权却派出了和平的使节。它的目的是什么？周达观不是主要使者，只是一个随行人员，从他的记述中，看不出此行与军事攻伐有太多相关，他更像一个异域采风者。在我读到的一本英文版的柬埔寨民间传说集中，提到中国皇帝常常派人到柬埔寨了解当地风土人情，但我无法确定这一概述是否包括周达观历时一年的客居。

或许柬埔寨是幸运的。蒙古军队在攻打越南（古称安南）时遭逢热带瘟疫，不得不北返，故柬埔寨也幸免于难。又或者，高棉文明对于外部具有一种不可触碰的威仪与神秘。高达36米的吴哥寺中心塔，即使在今天，仍给初识者带来出乎意料的震惊，虽然它的外观在旅游业发达的当代已经通过摄影和绘画传遍世界。

在暹粒高棉美食节上的演出，吴哥寺是永恒的背景

東埔寨磅士卑省水稻收获季节

　　大眼睛、皮肤黝黑的高棉人李财从外貌看起来高棉血统纯粹，但是他喜欢白皮肤的姑娘——很多東埔寨男子都喜欢皮肤比他们白的华人女，并娶了有华人血统的姑娘为妻。他的妻子秋凤有华人的姓，姓杨。不像李财，他的汉姓李其实来自他東埔寨名字的谐音。节日里走亲戚的话，他们一家会去越南，因为秋凤的奶奶住在胡志明市。

　　胡志明市距金边200多公里。沿湄公河下游向东南方向行140余公里就到达边界，之后的70公里就在越南境内了。几百年前，那里有一个国家叫占婆，東埔寨人把那里叫作"下東埔寨"。如果你把《東埔寨风土记》与《瀛涯胜览》中的占城篇放在一起读，几乎很难把他们看成不同的族群。如果你顺着湄公河行走，你会知道更多关于東埔寨的故事碎片。那里的土地上没有吴哥那样气势恢宏的古代遗迹，那里的人们不像李财那样有明显的高棉人特征，也不像李财一样住在金边城的三层排屋里。那是需要另起篇章讲述的故事。

柏威夏的保护树种蝶形花科黄檀，俗称黄花梨，左边蓝牌屋宇中嵌的文字分别为表示"柏威夏"的高
棉文字与英文，右边是树木的高棉文名称与拉丁文名称

　　柬埔寨民谚里有一句对男人的忠告：有水就有鱼，有钱就有女人。拼音读出来是——mian de mian drei, mian lei main srei，因其韵律上口，道理通行，往往被柬埔寨人拿来做外国人的语言教材——40 年前的情形如此。法新社战地记者钟斯万——电影《战火屠城》(*The killing Fields*) 里面帮助柬埔寨记者制作假护照的那个人——在回忆录《时间之河》中是这么告诉读者的。我的柬埔寨同行没有传授我这个道理，他们干脆地说："你找个柬埔寨男朋友，包你很快学会。"

　　按说，学习当地语言是从内部领会这种文化的最佳方式；那么，反过来命题也成立：深入到当地文化是学习当地语言的最有效手段。

　　P 是一位中国农学家，退休之后被人请到柬埔寨从事种植实验。这位一句当地话也不会说的老头住在磅士卑省乡下，居然成了全村妇孺眼中的明星，不但妇女喜欢围着他说笑，小孩子也每晚盼他早早从田里收工，聚在他寄身的陋屋里等他回来教汉语。小孩子学语言快，P从小孩子学汉语的反馈中把柬语转换成了容易习得的语言，这成为了他解决语言问题的独特方式。

在金边郊外有一所非政府组织学校，是来自英语国家的父子传教士三人创办的。我去访问的那一天正赶上大胡子校长在校与学生共进午餐。在摆有木瓜丝、蒸鱼和白米饭的餐桌旁边，我问他如何想到开设这样一所学校，大胡子校长答：柬语太难学了，不如教当地人学他自己的语言，所以开了这样一间学校。"帝国主义思想"完全不假掩饰。

还有更为极端的例子。在中国驻柬使馆的国庆招待会上相识一位美国外交官，居然说得满口北京土话，连"土鳖"都会说，原来此人曾在北京客居三年。真心佩服他的语言功夫，问他当地的柬埔寨话学得如何，他回答得相当傲慢："我会说英语和汉语，足够走遍世界，为什么要学习只有1 400万人说的语言？"

柬语确实不是"硬通货"语言，也只有在柬埔寨本土有用。东盟十国，各有各的语言和文字。从柬埔寨首都金边向东西南北各行不过两三百公里，到了邻居越南、泰国或老挝的地界，柬语柬文就完全失灵了。也许正是由于这个原因，柬埔寨孩子的求学时期大多终日奔波于英文、中文和柬文三种语文学校之间，时间都耗在学习语言上了。

1863年到1953年之间，柬埔寨、老挝与越南属于法属印支三省。

到 20 世纪殖民时代结束后，英国人把英语留在印度次大陆，法国人的语言却没有在东南半岛留下。当今柬埔寨，法语法文几乎从社会生活中消失无踪，能说法语的柬埔寨人是前朝遗老。前红色高棉领导人乔森潘年轻时在法国学习，2014 年国际审红法庭宣判他犯有反人类罪行，他要求看法律判决文书，选择了法文版。乔森潘已是 90 岁高龄。在西哈努克港中学还有一位小男孩在学习法语，但他用新学的汉语告诉我，父亲送他上了五年的法文学校，他还是一句法语也说不完整。

西方语言学者在全球殖民时期狠下了工夫研究各国语言。他们按西方语言的音韵、构词法和语法来解析高棉语，找到了高棉语的规律。所以，对一个学过英语知识的人来说，靠着一本有详细体例说明的英柬词典，基本上可以掌握柬语的拼读方法。如果能够把英文字母与柬文字母熟练对应起来，那么至少可以解决看街道标示牌的问题。

当地的中国侨民流行用"对音法"学习柬语，所以很多人能说不能读，更不能写。专门针对中国人需求开设的柬语班，多数是教怎么说，老师把每一句柬语日常用语用汉文字注音，在课堂上带学生一句一句地记读。学习数字很重要，因为这是经济活动中最基本的需要。以色列学者尤瓦尔·赫拉利（Yuval Noah Harari）在《智人：人类简史》（*Sapiens: Brief History of Humankind*）中写道：苏美尔人发明的人类的最早文字系统中，最先出现的就有数字符号；人类历史上第一个文本是由数字符号组成的无聊至极的财经文件，而不是诗歌、传奇和法律。

温州人周达观 1296 年至 1297 年间在柬埔寨住了一年，他用汉字给一、二、三、四、五注音："梅""别""卑""般""孛蓝"（今天游柬埔

1 洞里萨湖边小学一堂高棉语文课

2 当代高棉人的书写——摄像师利宏写的诗

3 金边名为木兰的越南菜餐厅柬文招牌：由上至下为美术体柬文、手写体柬文、英文

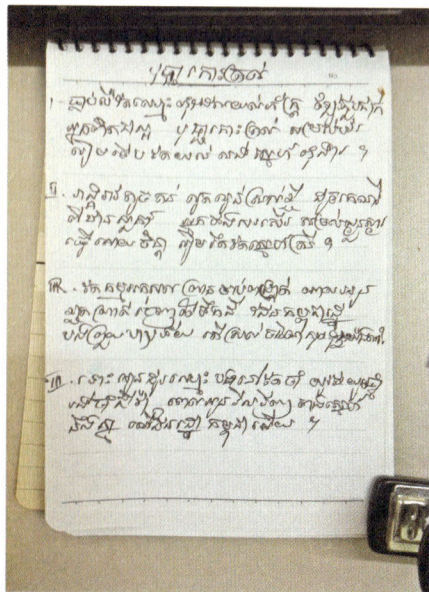

寨吴哥,依然可以把周达观的《真腊风土记》列为路书之一)。但是汉语(现代普通话)与柬语主要使用的发音器官部位不同,遇上一位想认真教你说柬语的柬埔寨人,你会被他(她)纠正得不耐烦。学会用柬语数数就可以放心去"泼洒"(市场)买菜,在那里不正确的发音会得到卖菜妇的热心纠正。我认识的一位做汉语教学志愿者的姑娘,来柬一年多,说得一口流利柬语,自称就是在菜市场里学出来的。

金边的华商文化中心彼时每周有六天开柬语学习班,三天由一位教师教口语,三天由另一位教师从字母教起。我在学字母的这一班上了几次课,同学身份各异,有从商的,有在工厂做管理的。但作为熟悉方块字的中国人,大家一致对高棉文字的书写方式与发音方式颇感怪异:"这是什么人发明的文字呀,怎么想出这样的写法呢?"其实到陕西省的博物馆看看,会发现中国文字的演变也是从画弧过渡到书直的。

高棉文由古印度婆罗米兰文字发展而来,每一个字母都是各种变形弧线与小圆圈的组合,几乎没有汉文字基本的横竖笔画,而且字母一写一串,词语之间毫无分隔。但是这种文字看起来很美丽。在开车等红灯、机场里等人、会议等开场的间隙,我学会了认识和书写这种文字。写完之后拿出示人,彼时金边的柬语界"大师姐"翔青笑道:这写的是高棉文美术字,和俺们写的不一样。

在柬埔寨发现最早的文字是公元7世纪刻在石碑上的文字,地点在金边西南的茶胶省——这里被认为是柬埔寨文明之源头。那里有一个吴哥葆苓博物馆。我去看它时,博物馆大门紧闭,但在门外摆着两块罩起的石碑,碑文依稀可见。这就是最早的高棉文字,时间在公元611年。

高棉文中含有许多梵文和巴利文，历史上柬埔寨存在两套语文系统：王族与僧侣语言——主要是梵文和巴利文；平民百姓使用的本土语文。

居留柬埔寨的中国人，由于学柬语师从不同，所使用的柬语似乎也有所差异。前面说的"大师姐"是电台播音主持，说一口流利动听的高级柬语，在王室与首相府对答自如，但在民间走动不灵。我们一同外出吃饭，点的是胡椒炒螃蟹，结果端上来的是辣椒炒螃蟹；去海滩租绳床，请她出面交易，结果她说听不懂当地人说话。

说到学别国语言，大多数人都不怕讲自己的糗事。在金边频频被讲述的故事是：一帮人到餐馆点鱼，S先生说"drei"，侍者一头雾水，不知要什么。在座学过正统柬语的都帮腔"drei"，侍者还是一头雾水。后来一位柬语界外人士Z先生慢悠悠用汉语的第三声拉出一个长音"tei——"，侍者大悟，fish! 没错，大家要的就是鱼。回北京不久在一次聚会上，我再次听到这故事，是S本人的口述版。S曾是使馆的一号通译，刚在雅加达给中柬两国最高领导人当了回贴身译员。而Z先生来柬之前没学过柬语，他师从民间，离开柬埔寨之后出版了一本关于柬埔寨的指南书，其中包括柬语速成法。这本书摆在金边独立碑书店里，是这家主售英文书的书店里仅有的一本中国人出版的、关于柬埔寨的中文书。

高棉文字是柬埔寨人的骄傲。2013 年世界遗产大会在柬埔寨召开，洪森首相特地自豪地说到高棉文字，说柬埔寨作为一个夹在中华文明与印度文明两大文明体系之间的小国，还能保留自己的语言文字，是一件了不起的事情。

柬文确实特别一些，在极为普世的苹果手机上，有各种语文输入法，包括与柬文字形相似的泰文和缅文，独不见柬文。这使我觉得与柬埔寨同事的沟通有点障碍（如果有的话，或许可以发发柬文短信）。计算机技术本以西语为基础语言，记得当年王选先生发明了中文输入法，汉字文化从此可以顺利进入计算机系统，其意义不啻于一场革命。我以为其成功的驱动力除了汉文化的优势，更有当年中国经济发展的迫切需要。相较于中国或其他东南亚国家，柬埔寨的高棉文字除了信息更复杂、编码难度大以外，国家的经济能力不逮也是一个原因吧？我 2014 年离开柬埔寨时，金边大兴土木工程，两个月过后，金边的朋友说我在时他们投资三五万买的房屋和地皮都长了两三万美元了。过了不久，看到有人在微信留言中打出高棉文字，询问手段，原来这是更新后的 iOS 系统增加的功能，虽然还是要通过第三方 APP，至少说明柬埔寨跟上了这个世界、这个时代的步伐。

语文的最高级形式是诗歌，不单文字意象是精华所在，声音韵律更是。我找到从金边带回来的柬埔寨诗人 U Sam Oeur 的诗集，用新下载的高棉文键盘输入诗句，隔空请"大师姐"诵读。深夜，在"金边过客"群里，说柬语的或不说柬语的，都称赞宛若天籁。

「小心」节日

4月中，柬埔寨迎来柬新年。这是大节，真正的节日。穿着素洁的柬埔寨人一大早赶往佛寺给僧侣送饭，举行礼佛仪式。离我居所最近的佛寺是瓦兰卡寺，在独立碑街心西面西哈努克大道南侧。据说这是金边建城时期最初的六大佛寺之一，被印在柬埔寨纸币上——前任瑞玲女士对初到的我说，如果找不到家拿出纸币给人看图就行。这座佛寺的供奉人中达官显贵居多，斜对面就是首相洪森官邸；但是寺门向所有人敞开，乞讨的小孩子也比别处多些。

我在公历2月中来到金边，华人的春节刚刚过去，没有体会到这边华人春节的况味。转到第二年华人春节来临时，感受最明显的是金边的市场竟然"放大假"——休市！害得来柬埔寨旅游兼探望的亲友逛不了金边城名声远播的"俄罗斯"市场和中央市场；但这还不是柬埔寨自己的节日。

　　柬新年期间，平日里居住在金边的人纷纷回乡，喧闹的城市一下子冷清了许多。我也往外省跑，和朋友戈西去暹粒找吴哥仔。彼时吴哥仔是柬埔寨华文媒体上蹿出的一匹黑马，刚刚因报道中国游客在暹粒机场被索小费挨打事件而受到关注。他的报道里引述了海关官员的话："你们主席那么大方，你怎么这么小气？"这话是有背景的，事件发生的3月底4月初，当时中国国家主席正在此地访问。吴哥仔本是到柬埔寨的一名中国游客。三游两游，不想走了，就在暹粒住下来。首先解决生计的手段是制作旅游信息地图。一个店铺一个店铺去谈，谈好的，将店名和相关信息印到暹粒地图上，地图印制好再免费散发给游客，吴哥仔向商家收取少量的信息费。一年印几版地图下来，生活费有了着落，闲来一边给华人媒体做特约报道员，一边在暹粒安心玩耍。他是深度体验型，在暹粒乡下找了座佛寺出家修行了一段时间。这期间，他身披橙色袈裟服侍师父，念诵自己也不懂的经文，手捧银钵去村子里化缘，不到一个月全程当了一遍高棉僧侣。

　　因为还在过年期间，还俗不久的吴哥仔说要去自己出家的寺庙给同门师兄弟送供奉，于是我和戈西就随他一起坐嘟嘟车去了暹粒乡下。乡下的寺庙很大，比瓦兰卡庙大得多，也没有太多职业乞讨者。实际上一座佛寺就是所在乡村的中心，学校和医务所都在近旁。后来我慢慢发现，佛寺是柬埔寨公众生活里离不开的场所。一个人的生命起于这里也终于这里，其间（男性）出家、嫁娶、几乎全部节日、投票选举新政府等重大活动都在佛寺举行。柬新年里，佛寺一处空地堆起五个沙堆，象征天界须弥山，礼佛的人们依次绕行，用手轻轻堆一堆沙山，在出口处将数额不等的钱钞奉上。诵经的僧人都席坐于敞开的大殿，人们献上自己的供奉品，僧人接过后，为供奉者诵经祝福。大殿的另一处往往布陈好信众送来的饭菜，僧人依次围坐进食。各家随身带来的饭菜都先交给寺里服务僧侣的信女，一般有鱼、蔬菜和米饭几种，分别倒入庙里的大菜盆，再用银亮的钵盛给僧人。我们进寺时正是中午，转过几个殿后，吴哥仔把我们带到殿后他曾经住过的僧舍。在明亮的阳光下向一间一间小小的茅屋门内望去，可以看到有信众送来的方便面和可口可乐。僧人都在前面殿里吃饭，后面很安静。几个小孩子在那里玩儿，还有村妇闲坐——多是僧侣们年幼的弟弟妹妹和母亲或姐姐，过节来探望在此出家的男孩。在这里，我看明白了佛教和僧人在柬埔寨的含义：佛教就是人们生活的组成部分，僧侣都是自己的家人；在俗的善男自己曾经是僧侣或者可能有一段时间要做僧人，信女是僧人的母亲、姐姐或者妻子。

吴哥仔说我们可以在这里吃饭，我和戈西表示赞同。小孩子们很高兴，说一会儿会有人把饭菜从前面带回来，但我们要等僧侣们全部都吃过后才可以开吃。

此后在柬埔寨又过了两个新年，过往的寺庙各有不同，但里面似乎都是一样的人：女子不论年轻年长，都是白衣长裙，手提饭篮；男人温和恭顺，对僧侣出手大方；儿童在寺庙无拘无束，一派天然。

柬埔寨的亡灵节以佛历计算，但差不多都在每年公历9月的后半月或10月的前半月，时长半个月。李财说这个时候地狱的门大开，所有的鬼魂都被放到人间，等家里人送食物。所以亡灵节的形式与柬新年差不多：各家各户都赶早往佛寺送饭菜，不过内容不同于新年，因为饭菜是送给自家逝去的亲人的。当然，结果还是送给僧侣，因为只有他们才能作为生者与死者的媒介；而生者与鬼魂，即便以前是至亲至爱，也是相逢而不识。所以，在亡灵节期间，为了提高与自家的鬼相逢的概率，人们要多跑几座佛寺。李财说，至少要跑7座。但亡灵节依然是个欢乐的节日，并不像中国的清明节那样"断魂"。我在金边过的第一个亡灵节同李财一家在一起。大家郊游一样乘车出了城，在1号公路上的一座寺院前停下。寺院里的人像新年时一样多。饭菜送到僧人面前，僧人诵经之后，鬼魂就享用得到了。李财一家准备了两份饭菜，一份带给寺院，另一份在做完仪式后，我们就摆在寺院的桌上准备做午餐。还是老规矩：过了僧人的饭点儿，俗人才可以吃饭。寺院内大树参天，灵塔成林。李财说，柬埔寨人去世后，家人就把火化后的骨灰存放在寺院的塔里。亡灵节柬埔寨也放长假，是人口大流动的节日。柬埔寨人不论身份高低，都会返乡到寺里送饭。寺庙里熟饭熟菜大量堆积，柬埔寨政府会发布文告提醒寺院与民众注意饮食卫生，切勿感染肠道疾病。

11月里的送水节是柬埔寨唯一不以寺庙为中心的重大节日。这个节日的核心是柬埔寨的国王和王室。一般每逢过节，人们都从金边向外跑，只有送水节是例外——外省人往金边涌。送水节期间，人们聚在金边大王宫正东的湄公河畔，一边玩乐一边等待国王乘着宫船游河。可惜我在金边的时候，王宫连续三年没有举行盛大的送水节庆典。但送水节期间依然放长假，在金边之外，民间也会举办划船比赛等庆祝活动，因为送水节是个农耕渔获传统的节日，相当于中国的中秋节。送水节之后，最明显的标志就是街市和村路上大量出现的身穿橙色和黄色袍子的僧人。此时雨季结束旱季将来，僧人结束闭门修行，可以出门化缘了。

除了前述的三个重大节日，柬埔寨还有很多节假日，多得有点儿令人应接不暇。比如说送水节是旱季开始的标志，那雨季从哪儿开始呢？

1
—
2

1 送水节过去，僧侣结束修习，出寺化缘

2 亡灵节清晨到寺庙送毕斋饭的柬埔寨民众

御耕节。5月初,"国王"在王宫前一块叫"王家田"的空地扶着牛犁、"王后"随在后面播撒种子,表明一年一度的耕作季节开始。这个仪式深刻地体现了柬埔寨农业国的特征。虽然现在仪式上的"国王"和"王后"都不是真身,但仍然由王族代执仪礼。与王室有关的节假日还有国王生日、王太后生日。此外,公历新年,与现代柬埔寨历史有关的国家节日"独立日""解放日",与佛有关的节日"麦加宝蕉节""比萨宝蕉节",都会放假。岁尾年初,柬政府都会公布新一年的节假安排,一年会有20多个节日,如果算上前后假日,欢乐的时间就更多了。柬埔寨对外来的节日也照单全收:华人的春节、清明节、中秋节,西方的圣诞节……但总的说来,节日在柬埔寨还没有染上过重的商业气氛,欢乐很单纯。有一次柬新年期间,我和北京同事洪阁、摄像师利宏从腊塔纳基里省赶回金边,谁知车到磅湛省,离金边还有五六十公里时,利宏把车停在荒郊野外的黑地儿里,说他的亲戚朋友在磅湛家里等他一起"趴踢",他得在这里下车。我问他离家有多远,他说过一刻钟到半小时就会有人来接他。我们几乎是开了一整天的车,连续工作了两三天,他竟然还要去跳一个夜场舞!我和洪阁坚持等接他的朋友到了才继续赶路。利宏是忠诚的同事,肯在柬新年这样重大的节日和我们一起外出采访,实在是难得。

柬埔寨人重视家庭,天性崇尚即时享乐,这与外部现代社会的重商风尚很不合拍。在节假日对雇员提加班要求几乎不太可能,这让来柬埔寨投资的大小老板们有点儿头疼。工程承包商更是发愁,因为一年里能开工的时间太有限了。

所以,对每一位有意向到柬埔寨试水的潜在投资者,我都会挺认真地提醒一下:要"小心"节日。

$\frac{1}{2}$　1 御耕节仪式："王后"播种
　　2 御耕节仪式：扶犁耕地的"国王"

大吴哥城门

周达观之路

雨季。午后金边下起急雨。天花板出现一圈水印，慢慢像出汗一样聚起水珠，接着就落到床垫上。

我在屋里抄写《真腊风土记》，用吸满蓝色墨水的钢笔把字抄写在一个大 16 开的黑色塑封皮笔记本上。《真腊风土记》并不长，凡 40 篇，约 8 500 字，正好打发雨天。

周达观不是第一个到达柬埔寨的中国人。从他的记载里看到，他的一些信息是从早先居住在当地的华人那里得来的，他与当地华人的交往不算少，书里时时出现有关"唐人"的趣事或以唐人为引据。

真腊，是中国早期典籍里对柬埔寨的称呼，最初见于《隋书》。但

1月份的磅清扬正值旱季，洞里萨湖水消退，洞里萨河河床缩小，雨季里浮在水上的木屋现出底部木桩，孩子们也因此有了踢球的场地。

柬埔寨并不以此自称。柬埔寨只留下刻在石头上的文字，后来的法国人依据这些石刻为柬埔寨进行历史编年。这些碑铭出现或被发现之前，只有中国史籍对柬埔寨这个国家有所记录。

"甘孛智"，即柬埔寨，读一下就知道，与现今叫法没有什么不同，但为何中国史书中以真腊呼之，学者们有各种猜测，只是都没有足够的证据支持。

我常常猜测"真腊"就是"暹粒"的变音——虽然高棉学的权威人

暹粒城区道路上放学回家的女中学生

物伯希和不这么看。当时高棉文明的中心是吴哥——今天的暹粒省，周达观是奔着那里去的。吴哥其实也不是地名或国名，吴哥的意思就是"城"或"国都"。暹粒用拉丁化的拼写法是"siem reap"，第一个音节"siem"与汉语"真"（zhen）发音相近；而"reap"与"腊"（la）发音也近似，"r"与"l"的区分对一些语族的人群来说是不存在的。

我把这个猜想向耀辉求证，得到的回答是，在柬语中，"真腊""暹粒"发音不同；但"真腊"一词来自中国，是译音，在柬文中并无"真腊"的词源。

按伯希和的一种说法，真腊是"支那"的译名，"真"的发音来自于"支那"，可能是某一次柬国王打仗，战胜了中国军队，为夸耀战绩而封的名号；而暹粒的"暹"来自于与泰国的交战，泰国旧称"暹罗"，暹粒即"征服暹罗"之意。

语音的分歧与不详往往导致事实的分歧或不详。"真腊"指的到底是"支那"还是"暹粒"？区分可能在于说话者发声部位有别的问题，"n""l""r"三个字母代表的音素什么时候有分？什么时候无别？又或者说者所传达的区别之意，到了听者那里完全不被领会。

类似情况还有，柬语中有一个"d"与"l"的合音，拉丁拼法为"dl"，是柬语中的一个重要音素。我初学柬语字母时，名叫李财的高棉人每每听我发这个音时，总是气馁地摇头。据中国院校柬语专业毕业生小赵姑娘说，当初她所在的班级里有一位同学始终都读不出这个音，只好转学其他语言专业。

汉语拼音中双韵母居多，声母中除了"zh""ch""sh"外，再没有其他双音，所以中国北方学生难以掌握它的发音方法。柬埔寨首都金边被干丹省包围，这个干丹，被当地土生华人写作"干拉"，就是因为它的拉丁拼写是"Kan Dlal"，汉语里没有与"dl"合音对应的音素，只好两者取一，或d——干丹，或l——干拉。那么暹粒（siem reap）与真腊（zhen la）地名同指也是可能的。

据周达观记述，他进入真腊国的路线在今天看来大致是这样的：从温州出港，经过今福建、广东、越南北部等港口水域，到达今越南中部港口，即当时的占城；然后继续沿海岸航行，至越南南部的湄公河三角洲，从数十个河流入海口之一上溯，逆湄公河向北，历时半个月的时间，到达今柬埔寨的磅清扬省——真腊属郡"查南"；在磅清扬省换小船，沿洞里萨河向西北行十多日，抵达今暹粒河码头（干傍），最后弃船登陆，约行 25 公里，到达距暹粒数公里的吴哥（州城）——彼时真腊的国都。

周达观时代，"暹粒"一词还没有出现，要到 16 世纪才有"暹粒"的称呼——如果其含义确实为"打败暹罗人"的话，那也是一个纪念性的地名。彼时柬埔寨因不堪与泰国长期交战，其统治中心已向东南迁移，壮丽的吴哥——高棉帝国的国都，沦为弃城的时间已有 100 多年了。

周达观时代，占婆国还存在，这个小国早先隶属中国汉代日南郡，东汉时通过造反获得独立，在中国史籍中曾用名为"林邑""环王"。公元 5 世纪，安南（今越南）兴起，楔入中国与占城之间，占城不再与中国接壤。蒙元兴起时，一度臣服，周达观记载，忽必烈的武将唆都曾在占城置省，派了一个三品官和一个四品官到占城，结果被占王扣押。占城 1471 年被安南攻陷。至 1720 年，最后一个占城王和所余大部分占人逃往柬埔寨。占人至今还是柬埔寨国民构成的一部分。他们原本信仰印度教，与柬埔寨的早期宗教习俗相同。柬埔寨中部的省份磅湛，其省名意思就是"占人的渡口"。这个地名早于占婆灭国的时期，印证了历史上占人与高棉人同地杂居、相互影响的事实。不过现在柬埔寨的占族人信仰的是伊斯兰教。从首都金边向西北的 5 号公路、磅湛通向越南的 8 号公路，沿途都有醒目的清真寺，从这些地方经过，你会看到头裹色彩艳丽头巾的占族女子，她们的服装大多也同样艳丽，这是与中东地区

1 临近湄公河三角洲的柬埔寨境内公路
2 吴哥塔布隆寺内卖明信片的女童
3 磅清扬制陶人家的午餐时间

$1\dfrac{2}{3}$

女性穆斯林的明显区别。

周达观受元朝皇帝元成宗派遣，公元 1296 年 3 月 24 日（元贞二年二月二十日）从温州港开船，4 月 18 日到达占城，凡时 25 天。由此看来，浙江到占城的海路不算遥远。但是他到 8 月才到达真腊的国都吴哥，其间长达 4 个月的时间，是否全用于行路，我们无从知晓。关于延宕的原因，他只交待了一句"中途逆风不利"。

周达观从占城往真腊时，正逢旱季结束、雨季开始，洞里萨湖水涨满，洞里萨河水溢向湄公河，所以周达观此时有水路可行。

周达观时代，柬埔寨的疆域不同于今日。《真腊风土记》总叙篇引述《诸番志》对真腊国的版图描述："地广七千里，北抵占城半月路，西南距暹罗半月程，南距番禺十日程，其东为大海。旧为通商来往之国。"由此看来，柬埔寨版图当时包括部分老挝、泰国和越南，东部面海。现在的柬埔寨不仅版图缩小，且已没有东临大海的优越位置，它向东瞭望大海的视线，全部被越南遮挡。

从周达观走过的路线推测，他应该经过了古柬埔寨的历史遗址地区，比如伊奢那城；但他似乎对途中所历兴趣缺如。他的正式记录从真腊的州城开始，以至于今天，你仍然可以把他的这本书当作浏览指南，在吴哥古地游历。

1
—
2

1 磅清扬寺庙僧人到乡村募集

2 磅清扬城标——土陶锅

吴哥寺西回廊南侧浮雕描绘印度史诗《摩诃婆罗多》

石头上的历史

我最初关于柬埔寨的历史知识来自于某些碎片文字。这些未经细究的知识包括：第一，柬埔寨由于地处热带，经书史籍无法长期保存，所以没有古代典籍留存下来；第二，柬埔寨对于自己的历史知识来源于中国的史书，上可溯至《晋书》，最完整的记载是元代的温州人氏周达观的《真腊风土记》，该书被法国人翻译成法文后，指引法国探险家发现了吴哥古迹。

在柬埔寨住下之后，我渐渐对已有的知识产生怀疑：如果高棉文明没有留下文字记录，那么长的国王谱系从何处获知？那么多寺院又如何识别？那些清晰地刻在石壁上的文字就完全被当代柬埔寨人遗忘了吗？

似乎是这样。我第一次游大小吴哥时有柬埔寨的博士陪伴，我指着石柱门框上的文字问："这里写的是什么意思？"柬埔寨知识分子代表答："不认识。"问："不是和现在的字母一样吗？"答："像，但读不出意思来。"

后来与中国古建筑修复专家同游，游到更远的罗勒寺庙群，途中所见石刻文字不止一处。又问："写的是什么呢？"答："不知道。""有文字专家来考察研究吗？""有，中国最著名学府的东南亚语言研究所专家来看过，还是无解。"

看样子高棉历史真是消失在热带的空气里或封存在巨大的石堆中了。

在暹粒的女王宫遗址，少年们举着英文版的吴哥图册向游人出售，"买一本吧！买一本吧！我要赚到钱去上学！"

这本书向游客介绍了书中提到的几乎每座寺院的来历，也完整地记录了吴哥王朝从 9 世纪创立到 15 世纪结束近 600 年期间的国王谱系。

"唯一记录者"周达观在《真腊风土记》中连国王的名字都没写，仅呼之"国主"。

那么现今关于柬埔寨的历史知识出自何处？

294 街 19 号是独立碑南侧第三条街上的一处宅院，我的办公地址和住处都设在这座宅院里。过了很久，我才注意到这条街还有数字以外的名称。数字编码是法国人留下的遗产。1863 年，柬埔寨成为法属印度支那联邦的一部分，法国人为金边城划出了今天的样子。在金边城著名的独立纪念碑广场西北角的独立碑书店，我发现了一本早年柬越战争时期外国记者写的回忆录。20世纪70年代，法新社记者钟斯万也是按照这些数字找寻他的目的地，去采访，去冶游，去会朋友。

西方对柬埔寨的"数字化"不仅于此。1907年，法国远东学院（EFEO）在暹粒为吴哥遗址方圆400平方公里内的大小寺庙进行编号，对吴哥进行考古调查和保护。一直到20世纪70年代中期红色高棉统治柬埔寨，法国远东学院的学者才撤离柬埔寨。

钟斯万在20世纪70年代被法新社派到金边和西贡（今胡志明市），报道美国在印支的军事行动。他在个人回忆录《时间之河》里讲述了一位当时居住在柬埔寨的法国学者的经历，我把自己翻译的中文文本节选在下面：

> "在金边只有一个西方人有与红色高棉打交道的个人经历。弗朗索瓦·比佐（Francois Bizot）1965年来到柬埔寨，具有真诚坦率而百折不挠的性格。他与著名的法国考古学家贝尔纳·格罗利耶（Bernard Groslier）一起参加保护吴哥古迹的工作。他后来成为一名人类学家，以超常的勤奋自学掌握了柬埔寨语文的读写。他热情研究柬埔寨佛教经文，为此到农村逐一搜集，骑着他的宝马摩托车出入偏僻的村寨。比佐对难以辨识、用古代巴利文字刻在棕榈叶上的高棉文本十分着迷，但他不是一个枯燥之味的学者，而是一个气质沉稳、意志坚强的男人。他努力理解柬埔寨农民的思想与感情，我知道他比任何人都做得好，最终正是这一长处救了他的命。

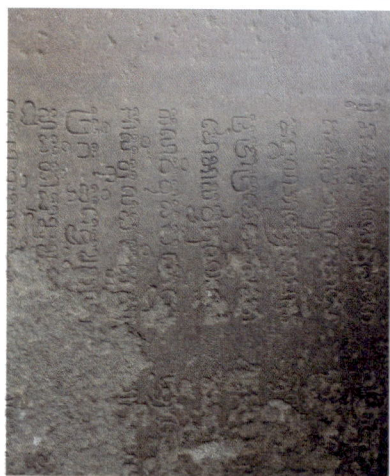

$\dfrac{1}{2}$

1 三波坡雷古遗址的石刻碑文
2 高盖古都神庙前的古高棉文碑文

　　1968 年他的女儿海伦娜出生于暹粒巴戎寺一带的斯拉斯朗村。她的母亲是一个不到 20 岁的柬埔寨姑娘。当时出生仪式按照高棉传统，产房点起驱鬼魂的火堆，用烧红的竹签弄断婴儿脐带。1970 年，北越军队占领神庙，射偏的炸弹炸塌了村庄。为了安全，比佐离开暹粒举家迁往金边，在春夫人烟馆旁边的木屋里住下来。

　　1971 年 10 月 4 日的上午，比佐前往金边以北 20 英里的柬埔寨旧都城乌栋，想去找那里的和尚讨论经文。像往常一样，他驾驶路虎车，带上海伦娜同行。但在行程的后一段，他把海伦娜留给保姆照看，自己与向导步行穿过田野走向村庄……"

　　这位比佐也留下了一本关于柬埔寨的著述，书名为《门》(The Gate)。我在金边客居时接触到另一本记者写的书，是约翰·伯吉斯(John Burgess) 所著《刻在石上的故事》(The Stories In Stone)。伯吉斯在 1979 年时作为美国《华盛顿邮报》的记者到柬泰边境报道逃离红色高棉政权的难民潮，当时他在柬泰边境的难民营附近发现了一座高棉寺院遗址。在这座建于 11 世纪、被称为 "Sdak kok Thom" 的寺院里，有一块高 1.51 米的方柱石碑，石碑上用梵文和古高棉文字刻写下了从公元 802 年到 1052 年的王族谱系。这块石碑现存于泰国国家博物馆，被认为是了解高棉帝国历史的关键。Sdak Kok Thom 位于泰国境内。

　　这两位记者的书让我认识到，古代高棉的历史被刻在了石头上，而不是消失在了潮湿的空气里；这些刻在石头上的古代文字是可以破解的，而掌握破解密钥的是法国远东学院。

谈到柬埔寨的历史不能不说法国。这不仅仅是由于柬埔寨从 1863 年到 1953 年处于法国的"保护"之下，成为法国在印度支那联邦的一部分；更主要的原因是，柬埔寨史作为今天世界史的组成部分，实际上是一部由他者发现的历史。在法国人进入柬埔寨之前，关于柬埔寨最完整的历史记载只有一部中国元代遣使随从写的笔记《真腊风土记》。

18 世纪中叶，法国探险家在亚洲热带丛林中发现了几近废墟的吴哥遗迹，引发了当时欧洲人类学家的关注。法国人的探险，印证了中国史籍记载的真实性。1903 年，法国学者保罗·伯希和（Paul Pelliot）把周达观的《真腊风土记》译成法文出版。

《真腊风土记》最后一章记的就是国王。周达观呼之"国主"。他客居真腊时，正是新旧国主交替之时，他记录了新国主以驸马身份继位，把太子的脚趾斩断并囚禁的传闻——这一部分应该是来自市井；也记录了自己的见闻——国主出行仪仗之威严华丽。不错，周达观的记录印证了吴哥寺及其他建筑雕刻的写实部分，国王的侍卫和仪仗队同壁画表现的一样，几乎都是女性，或者佩带刀剑，或者捧着各种金银器皿。周达观惊叹：虽远邦蛮夷，也有君王之礼。每次翻到这一页，我都不禁猜测，这位神气的国王是谁呢？

周达观真腊行近 600 年后，法国探险家进入柬埔寨西北地区，发现了掩藏于密林中的庞大废都。周达观当年所见的景象一部分变成了断垣、乱石、丛林、废都，但石砌的城郭尚存，只是金顶失色朱颜改。这样一

1　吴哥寺近景夕照
2　柏威夏寺第五层神殿入口

座巨大的人居遗存，令法国探险者疑问不止。

或许是被周达观的记载所激发，或许是欧洲人征服世界的天性，或许是法兰西民族对文化一探到底的精神，总之，从 18 世纪以来，西方学者从"劫掠"到手的大量东方文献中发展出一种"东方学"。与此同时，法国人从对吴哥大大小小数百座古代神庙的考古研究中，逐渐梳理出一条清晰的王族系谱，柬埔寨的历史脉络由此浮现。

高棉帝国在神庙的石碑、墙壁、门楣和廊柱上留下许多石刻文字，对这些天书般文字的研究是揭开古代高棉帝国秘密的第一步。1898 年，法属印度支那联邦总督保罗·杜梅（Paul Doumer）下令创立"法国印度支那古迹调查会"，由法国金石铭文与文艺学院负责学术监督；1900 年更名为"法国远东学院"，并于 1901 年开始出版《法国远东学院学刊》；1902 年法国远东学院设址于河内；1907 年起，法国远东学院开始对吴哥进行系统性调查；1950 年因越南战争迁至巴黎。

法国殖民统治期间，在吴哥地区重新开辟并规划了道路。今天游人在吴哥游览的路线就是法国人当年确定下来的。吴哥在法国人的"发现"中，成为世界性的旅游热点，一直持续到 1975 年 4 月——红色高棉开始执掌柬埔寨，吴哥关上了大门。

法国远东学院的研究者 1975 年离开柬埔寨时正在修复吴哥王城的中心神庙巴芳寺。1993 年，柬埔寨在历经 30 年战乱之后，新王国建立。联合国教科文组织呼吁共同保护人类文化遗产吴哥古寺，法国远东学院再度归来。今天，游客看到修复完工的巴芳寺，从背面望过去，呈现为一尊巨大的卧佛石像构造（见第二单元"史迹"题图）。我每次来到这里，都会为在遍布婆罗门教风格的神庙建筑中发现有一丝熟悉的佛教元素，略感安慰。

当代柬埔寨王国是一个佛教国家，早先高棉帝国从婆罗门教信仰演变为佛教信仰经历了怎样的曲折过程，吴哥研究者凭借留存的建筑和雕刻风格以及破解的碑文，进行了猜谜般的还原。对于法国远东学院的研究，柬埔寨本国似乎并非完全认同。当代柬埔寨王族的血脉可谓延续久远，但是缺乏自证的能力，所以历史只能任由他者解构和重建。

法国人对吴哥的历史是怎样进行研究的呢？今天，如果你去暹粒参观大小吴哥或者女王宫，不时会看到地面上陈放着数目不一的石头，这些神庙的原始构件经过一一编号，等待有朝一日回到它们原来的位置。研究者试图通过建筑复位的办法找回早先的历史面貌，以此来修复人类的记忆。

正因如此，后人所看到的吴哥，永远是废墟，永远是记忆，永远在修复。

古代高棉帝国的国王们在柬埔寨造了许许多多的宏伟建筑，以现代人的眼光看，就是当时的摩天大楼，而且这些建筑的理念即是复制天界——须弥山。在吴哥方圆 200 公里范围以内，至今散落着数百处这些摩天建筑的遗址，其中最为震慑后世的首推吴哥神庙（Angkor Wat）。吴哥神庙分三层，最高处离地面 55 米，比当代世界公认的第一座摩天大楼（1885 年建成的芝加哥房屋保险大楼，高 42 米）还要高出 13 米。

最痴迷于兴建通天庙宇的有这么几位国王：阇耶跋摩二世（802—850 年在位，吴哥王朝的第一位国王）、阇耶跋摩四世（高盖临都的兴建者）、苏利耶跋摩二世（1112—1152 年在位，小吴哥——吴哥神庙的兴建者）和阇耶跋摩七世（1181—1219 年在位，大吴哥——吴哥王城的兴建者）。

　　阇耶，梵语中为"胜利"的意思，胜利王二世是吴哥王朝的缔造者。公元 802 年，他在荔枝山（位于暹粒西北向 50 公里）宣称自己是湿婆化身的"神王"，开启了 600 年吴哥王朝。

　　荔枝山是柬埔寨的圣山，可惜我居柬时无暇往访。有一次已绕行至山下，却受阻于急促的时间表和旱季烈日。我的柬埔寨朋友李财说，如果想上山必须赶在早上 11 点之前，11 点之后上山的路就会被看山人关闭，因为道路十分狭窄，仅容单行通过。我们的吴哥工作队专家说，他们当年都是坐着当地人的摩托车上去的，树丛里还有很多地雷，必须有当地人带路。听起来真是十分艰险的旅程。

　　荔枝山，拼音为"kunlun"，发音同中国的"昆仑"，在远古传说中，同样是神的住地。荔枝山与中国昆仑存在什么样的关系，是温博士想进一步探讨的题目，可惜他现今已不在人世。在柬埔寨的一个民间传说中，荔枝山是因为荔枝得名，因为一个中国人在山上种荔枝。这还是和中国有点儿关系，虽然是另一种缺乏人类学意味的关联。总的来说，荔枝山缺乏对观光游客的吸引力。"没有什么雄伟建筑留下来，"李财并不十分热心怂恿我去，他说，"就是有一座山寺。"但在我离开柬埔寨之后，每一次翻阅吴哥的历史，都是悔意丛生于心间。我在吴哥的历史之旅竟然没有起点。

　　李财虽然不鼓励我去神山，但会在社交媒体上传自己朝拜荔枝山的各种照片。照片上的神情表明，那是高棉人的圣地，不是游客的胜地。

　　胜利王二世是爪哇王子，说他把柬埔寨从爪哇的统治中独立出来也

1 阇耶跋摩七世所建的达布隆寺

2 高盖古都"金字塔"

好，或者说他在这块土地新建了一个叫柬埔寨的政权也好，这些都是后世人的说法。总之，吴哥的建筑工程就从他宣称为神王的时间开始了。

胜利王四世即阇耶跋摩四世据考证是个篡位者。公元 921 年，他把自己的统治中心建在吴哥北部偏东方向 100 公里外的高盖（Kon Ker）。在这块土地上新建国都不只是建王宫那么简单，胜利王首先必须搞基础建设——开挖巨大的水库及大小蓄水池。它们的主要功能是灌溉、居民饮用和洗浴，现在这些蓄水池还躺在高盖的荒野里。四方天鉴倒映参天古树，石阶一级一级伸向水面。

胜利王四世在短短不到 30 年间建成一座大都市。高盖古都最令人难忘的建筑就是七层高的方底金字塔。这座高 36 米、底边长 55 米的金字塔还只是神像的基座。国王把崇拜的神灵供奉在高处，从底端很难看到神的面目。但是现在神像已不存在，留下这一巨大的石头建筑。高盖从兴建到被弃，历时仅 28 年时间（921—937 年），国王在 35 平方公里的范围内，不仅建有自己居住的复杂完整的宫城，世俗生活所需的水利系统，更主要的是支撑其统治的精神象征——神王 Devajara 的祭坛以及数十座神庙和精美大型石雕。这些物品遗留于后世，一度让文物贩子发了财。2013 年，美国大都会博物馆向柬埔寨政府归还了两座雕像，就是出自弃都高盖，我也借此探得高盖古城的真相。

吴哥王朝在胜利王七世（阇耶跋摩七世）时期达到顶峰，但他也是吴哥王朝真正意义的终结者。现在被世界观光客年年探访的吴哥王城（大吴哥），就是胜利王七世在吴哥遭占婆洗劫后建造的新城。可以说，他为今天的游客建造了大部分游览景观。他在位 38 年（1181—1219 年），是修建神庙最多的国王。当今游人必访的达布隆寺和巴戎寺是他的代表作。他把自己的面容化作巨大的 54 个神秘微笑，刻在高处的石头上，以此获得永生。

吴哥王朝在胜利王七世之前有一位重要的太阳王——苏利耶二世（1112—1152 年在位）。苏利耶，意为"太阳"，今天柬埔寨人依然习惯用苏利耶命名。太阳王二世建造了举世无双的吴哥寺。吴哥寺一扫神庙供奉湿婆的传统，改以敬奉天神毗湿奴。在印度教中，湿婆是林伽的化身，代表生殖崇拜和祖先崇拜；而毗湿奴是宇宙的维护者。太阳王二世或许终于认清了成为君王的真谛。事实上他也堪称柬埔寨历史上伟大的君王，在他的统治下，高棉帝国的版图进一步扩张。他的伟业让人想到中国的汉武唐宗，因为几位君王同样在文治武功的顶峰之后给帝国带来危机。后世学者认为，吴哥寺的建造消耗了国家大量的民力和财力，导致王朝走向衰落。1177 年，其北部的属国占婆洗劫了吴哥城，这些历史场景被其后的胜利王七世刻在巴戎寺回廊的壁画中。

柬埔寨有一处古建筑是个例外。它不是单独由某一位国王或婆罗门兴建，也不是单独为昭告某一位国王的功绩而起，这就是集高棉国王几代之功的柏威夏寺。柏威夏寺在暹粒东北方向约 200 公里处的扁担山脉上，从耶输跋摩一世（公元 889 年— 910 年在位）开始修建，一直到苏利耶跋摩二世完工，历时约 150 年，是敬奉湿婆的神庙。柏威夏寺依山而建，从入口到最后第五层神殿，长达近 2 公里的台阶逐渐升高到海拔 730 米的悬崖峭壁上，最高处的第五进就是中央神殿。柏威夏寺不像吴哥其他重要的神庙，因建在平面地基上要靠层层堆高才能上升到须弥界，而是依傍天然地势，从人间道路上直接通往神的世界。柬埔寨将之视为神山圣地，坚定守护。因此，柏威夏一直到 2012 之前都是柬泰边境上的前线，两国为争夺神寺正统拥有者身份持续交火多年，最后国际法庭裁定，柏威夏寺终归柬埔寨。2012 年 7 月 18 日，柏威夏地区正式撤兵。

当代经济学者研究了世界各地对建造摩天大楼的迷狂现象后得出结论：摩天大楼建成之后往往伴有金融危机及经济危机。其实看看奇伟的吴哥建筑，也会发现这不过是一个常识性、经验性的结论。对于普通的游客而言，先是惊异于其建筑工程之繁重浩大与艺术之精美卓越，进而惊异这样高度的文明竟然会衰落——这样的想法其实来自惯性的偏见。与今天一样，吴哥有许多未完工的石头建筑工程，用今天的话说就是"烂尾工程"。这是一个很有趣的现象。吴哥的建筑，设计感极强，因为所有的寺庙都是须弥山的象征。梅花的十字中心塔象征大海上的五座须弥山，四周的护城河象征大海。吴哥国王在心中早已绘出神殿的完美蓝图，他们要做的就是驱使人民在地上建造出来；但是俗世的生产资源和人力并不具备神性，它们总有被掏空的一天。

吴哥国王建造大型神庙主要是为了彰显神的威力与王的伟业，都是纪念碑式的建筑。诚如其所愿，这些石头建筑大多留存了下来，而当时的民居和宫殿都在岁月更迭中尘化了。不管当时有多少人被奴役并失去自由，吴哥文明终归是留在了这片土地上，留给了生活于此地的后来者。吴哥建筑如今成了柬埔寨人民的丰厚物质遗产和精神遗产，最为直接的是，吴哥观光收入成为今日柬国的四大经济支柱之一。

这是一个帕斯卡尔式的困惑：是把文明赋予岁月，还是把岁月赋予文明？

　　但是高棉国王的认识清晰而坚定：要成为一个伟大的君王，必须为自己建立起丰碑，并把名字刻在石头上，让后世记住——即使有岁月遮蔽，也终有被发现的那一天。

吴哥寺第二层

1
―
2

1 中国工作队援柬修复的茶胶寺
2 中国工作队援柬修复的周萨神庙

温博士的吴哥

跳出常规生活，到处会碰到有趣的人。我在暹粒而不是在北京遇到温博士，应该归功于以各种面目姿态现身于吴哥大小古寺的神灵，它们不愿意让这样的人和情怀埋没于拥挤的都市生活里。

温博士是古建筑学方面的专家。20 世纪 90 年代联合国教科文组织牵头十多个国家共同保护世界濒危文化遗产柬埔寨吴哥古迹，中国也派出了一支工作队，先是修复了大吴哥城东门外的一座小小的周萨神庙，后来又着手修复一座大型的庙山——茶胶寺。茶胶寺是一座始建于 10 世纪末或 11 世纪的未完工的神庙，没有像小吴哥、巴戎寺那样美轮美奂的雕刻，也没有塔布隆寺那样与丛林交缠的奇特景致。温博士一开始对自己参与的这个修复工程有点儿失望。

"我和茶胶寺的关系就像包办婚姻，但是我后来爱上了'她'，不能自拔。"温博士找不出什么比喻可以描述他与茶胶寺的关系，只好像诗人一样，把专注的对象比作恋人。坐在从暹粒开往金边的越野车里，他说："真的，你别笑话我！她真的就像我的爱人。每次我离开北京到暹粒，我爱人就会说，'又要去找那位去啦？'"

温博士面孔黝黑，我问他是不是这些年被吴哥的烈日晒成这样。顾军嘿嘿直笑，因为我不是头一个这么问的人。顾军说，有一次，一位国家级领导来看望修复队专家，就这么亲切地慰问温博士。

顾军也是我在柬埔寨认识的中国文化遗产研究院的工程师，是他告诉我，吴哥古寺原本是有颜色的，开启了我的历史想象。顾军比温博士更早来到吴哥参加古寺修复，讲起吴哥，回忆里带着抒情。我几乎能看到十几年前瘦长年轻的顾军走在被参天大树覆盖的古城里；看到这个中国青年在红光闪耀的女王宫中抚摩着精致灵动的浮雕。那时的吴哥空旷而寂静。

回头说温博士，诚实的答案是他本来就这么黑。这很贴近柬埔寨国情。我们一起去探访吴哥王朝的另一古都高盖时，柬埔寨人来查验外国人门票，唯独漏过温博士。

因为看望中国吴哥修复队常常是中国高层领导访问柬埔寨的一项活动，顾军与温博士也每每客串一下吴哥古迹的讲解员。按听众级别考量，他们堪称"国级导游"。

"国级导游"的不寻常之处在于最先不是把我们带到小吴哥或巴戎寺，而是大吴哥城外的东梅奔寺——金红色的塔身在吴哥的朝阳中像着了火一样。温博士站在这火焰里，指着外围不远处，说，"耶输跋摩一世10世纪在这里建造了一座水库，是吴哥王都之源。你要知道，吴哥是建造在水与信仰之上的城市"。

中国援柬吴哥修复工程是联合国教科文组织架构下的中国与柬方的合作项目，暹粒省一位副省长把自家的一座宅院腾出给中国专家作为驻地。暹粒炎热的夜晚，成熟的芒果开始坠落，省长宅院仿佛置身现实世界之外。我们的造访其实已经告辞了不下三次，但交谈总好像难以画上句号。从装饰有苏利耶跋摩二世行军的红木浮雕（复制于吴哥寺南廊西翼壁画）的客厅走出来，大家不知怎么从吴哥古寺又说到吴哥的星空。只记得有温博士、张念、张工程师、刘建辉，还有吴哥的超级热爱者孔子学院的肖荣老师，几个人或坐或立于廊下，说着天空、星星、神灵和逝去的文明。我当时闪念——假若回到北京的天空下，这所有话题又该如何言说？

温博士在磅清扬有一个制陶器的柬埔寨师傅。他总说起师傅如何有趣，打算在某一天再去找他学学手艺。磅清扬得名于当地的陶器。"磅"在柬语中意为"渡口"，"清扬"意为"土锅"，一个制作陶土锅的渡口集镇。13世纪温州人周达观先抵达磅清扬，再沿洞里萨河向吴哥王城深入。因此，温博士对陶器的爱好在我眼里富有史学情怀。他送给我一只特意烧制的象鼻手柄柬埔寨土陶杯，我把它放在桌案上与写满柬文的纸一起拍了张照片，用来作微博的头像。

我曾经说要和他一起去拜访陶器师傅，还答应代他向一位摄影记者求讨他与前国家主席的合影；他也有计划前往法国远东学院深入研究"高棉学"，我的电子邮箱里还有他写的关于茶胶寺的几个章节。这些我们都以为将会发生或继续进行。

2013 年 4 月，他搭乘我们的采访车从暹粒到金边。中途，他带我们去探访三波坡雷古，那是游人罕至的真腊王朝遗迹，大片大片的树丛中散落了 100 多座供奉林伽的庙坛。因为要赶回金边，我们只查看了外围几座庙坛。温博士催促我："有 100 多座呢，看不完，下次再来！"

6 月份，我去他们的吴哥考古现场作实地采访，之后与他的工作团队一同去了距吴哥百公里余的高盖古城——公元 928 年至 944 年间高棉帝国的都城。在高盖，我们看到很多卧在地面的岩石，在岩石不算高的侧面刻着印度三大主神的浮雕像：梵天、毗湿奴、湿婆。温博士告诉我，这些岩石原本是河床——再次向我解释他在东梅奔寺说过的话，"高棉立国，水库与神祇缺一不可"。

对印度传说中的三大主神形象的模糊识辨，一直伴随我游访吴哥的行程。印度的多神崇拜让崇尚单一的中国人应接不暇，在吴哥，我才真正理解孙悟空为何有 72 化身。

但是温博士每次都能把包括梵天、毗湿奴、湿婆等角色众多的"搅拌乳海"传说讲得栩栩如生。在大吴哥城门处与小吴哥回廊墙壁上，在柬埔寨传统建筑上，触目尽是这一印度文明的创世神话、毁灭与创造的母题。

　　在柬埔寨各地，随处可以看到的还有四面佛。吴哥城的四个城门顶端、巴戎寺 54 座塔都是巨大的四面佛。传说创造神梵天本来有五个头，一次与毁灭神湿婆斗法，被湿婆砍下一个头颅，四面佛就是失去一头的梵天。

　　温博士本名温玉清，2014 年 6 月 5 日他病逝于北京的消息传到暹粒吴哥，辗转传到金边。当日我在金边为他记下了上述文字。

　　与毁灭交手，创造依然永生。

在高盖红庙

叁·神灵

巴戎寺一处栏杆端部石雕——
一只格鲁达被那迦拱卫

那迦

在柬埔寨，很少看到莲花座上的佛，释迦佛大多坐在蜷曲的那迦身上。在柬埔寨，那迦不是蛇图腾，那迦是龙。

2012年是中国农历龙年，那一年，在塔山面南的山脚下，金边市市政部门派工人用竹子搭起了一条巨大的那迦。我们的摄影师很用心、很兴奋地跑去拍摄照片，记录那迦的工程进度及其在柬埔寨新年夜的光彩亮相。

柬埔寨新年是从公历4月中旬开始，具体时间由僧王及宗教大臣推算，政府向公众发布文告，届时在金边塔山会有一个热闹的迎接新年司神的仪式。这个大那迦，就是为龙年迎神仪式而搭建的。

但是在外国人看来，那迦就是眼镜蛇的形象，不过是五只蛇头或七只蛇头攒聚一起，再组成一只大蛇头，更多的眼睛、鼻子和嘴聚在一起。我问高棉人李财："那迦就是蛇吧？"李财说，"那迦是龙。高棉人也以十二生肖计年，明年（2013年）才是蛇年"。

柬埔寨人也不认识中国龙的形象。钱德勒《柬埔寨史》一书中记录，柬埔寨王室把越南"赐给"他们的中国朝廷赏赐的"龙"图，称为"中国狮子"。

外国人到金边，首先应该认识的是那迦。矗立在湄公河边的柬埔寨"第一赌场"，名号即为"那迦"——那迦赌场也叫那迦酒店（华人多称"金界酒店"）。从那迦酒店向西延伸不过1 000米，就是著名的"独立纪念碑"——确切而言，这是一座塔，一共七层，下面五层各有一圈儿翘首的七头那迦。从独立碑向北，遥遥相望的是金边塔山，接近塔山处有一座桥，它两端翘起的五头那迦栏杆，对于那时初到金边的我来说是一个重要的地理标记。

独立碑的设计原型是位于暹粒的吴哥寺塔。在吴哥，那迦多得数不清。大吴哥中心广场癞王台之下是一座迷宫一样的建筑，从入口进去，可见九头那迦，每一头都显得很凶狠，九头汇聚，确实异常骇人。九头那迦并不常见，所以每有访客到大吴哥，我总特别推荐这一处，而且自己也每到必再观赏一遍。有一次李财同来，拒绝进"迷宫"，问其原因，他说那一处是地狱的象征。也有人传说这是当时吴哥国王的火葬之地。

关于那迦另有一个骇人的传闻，说是国王为九头蛇精所迫，每夜必

$\dfrac{1}{2}$ 1 金边独立纪念塔顶饰以七头那迦

2 大吴哥癞王台北面"迷宫"内的九头那迦

到空中宫殿与其相会，否则国家将遭逢厄运。空中宫殿是吴哥城内的一处高台石庙建筑，原来应该是王宫建筑的一部分，现在孤独地与古木和池塘相守。每到此地，柬埔寨导游会向游客讲起这个高棉国王版的"白蛇传"。

"空中宫殿"说是宫殿，但其建筑格局依然类似供奉神灵的场所，所以，说国王每日到此祭拜那迦神，比起与蛇精约会更为可信。

《真腊风土记》对当时蛇精与国王的传说有颇详的记载，随后法国学者、日本学者对此有更细致的考证。这些研究成果皆收录于中国学者夏鼐的《真腊风土记校注》一书中。

当地的柬埔寨导游会很有兴趣地向游客讲蛇精强迫国王约会的故事，所采用版本与周达观的记述一致。假若这个传说直接承自高棉本民族，那么应该描述为国王与那迦神相会，或是敬拜那迦，而不是被骇人的蛇精胁迫。

那迦在柬埔寨被视为土地神、保护神，更是王族血脉之源。夏鼐先生指出，汉译佛经中，多译梵文"那迦"为"龙"。

那迦源自印度教，是太阳神苏利耶之子，与格鲁达是同父异母兄弟，也是格鲁达的天敌。在高棉人的信仰里，那迦获得格外的尊崇。吴哥时期留下很多雕刻精致的佛像，以那迦盘绕的身躯为底座，双腿叠坐，整个身体被那迦的五头或七头拱卫着。那迦的面目虽然总的说来有些凶恶，但是在靠近金边洞里巴蒂的塔布隆寺，却刻着长相讨喜的那迦。

中国 20 世纪出现过一个特有名词"牛鬼蛇神"，是特殊年代对知识分子群体的污名。据印度文化研究大家徐梵澄先生解释，所谓"牛鬼"，是指印度三大主神之一湿婆的坐骑神牛南迪（Nandi），蛇神就是罩护佛身的那迦。

在深受印度文化影响的柬埔寨，石头赋予各类神灵永恒的生命，亦可以反过来说，神给了石头以生命。那些"神牛""那迦""格鲁达"诸等神灵的石刻或浮雕，就像真正的生命存在，占据着高棉人的土地。

位于金边国家博物馆入口处的格鲁达是高2.095米的巨型石像，发现于高盖古遗址

格鲁达

我最先注意到这个样子怪异的家伙是在一座大庙里。

那座在 1 号公路旁边的佛寺，远远从车里可以看到金色屋顶，一整排半人半鸟的造物就挂在屋檐下。

现代高棉佛寺与古代吴哥神庙在建筑形式和风格上大不相同，前者大都是高高的长方屋体，加盖金色单脊挑高屋顶，四面成列的高高柱梁撑在底平面与屋檐之间；在柱梁与屋檐构成的直角平面上，这些半人半鸟兽双臂托举屋檐，下肢撑着柱梁，威风凛凛，俯视地面。

在金边的大王宫，它们也耸立在屋檐下，用长焦镜头拉至眼前，圆目尖喙，更像鸟类。

我问柬埔寨朋友，"那是什么？""一种神兽。"

"有名字吗？""不知道用中文怎么说。"

在暹粒的大吴哥，这种半鸟半人造物的抢眼方式不是这样，它们成群地出现在国王阅兵的斗象台处。斗象台在吴哥城南北中轴，以西是王宫建筑，朝东正对着胜利门，其延长线就是大吴哥的南门与北门。据说，以前国王在这里送迎将士出征或班师。长长的斗象台外侧立面是沙岩深

吴哥王城中心广场斗象平台底座格鲁达深浮雕

浮雕——成群的战象，还有成群的半人半鸟。

"这是什么呢？""格鲁达。"

最后，是在柬埔寨从事多年古迹修复的顾军回答了我的问题。

格鲁达是毗湿奴的坐骑。印度教三大主神分别是湿婆、毗湿奴和梵天，按说这类在印度教中的次级神应该只是配角。在吴哥神庙建筑的外墙雕刻（bras-inscription）上，经常有湿婆与其坐骑神牛南迪一同出现的场景，鲜少有神牛单独作为造型主体，但毗湿奴的坐骑格鲁达却在柬埔寨以突出形象出现。在柬埔寨东部波罗勉省的另一座乡村佛寺里，我还看到更多的格鲁达——整个大庙的围栏都是格鲁达，手挽手，神气活现。因为大庙尚在修葺中，这些格鲁达赤裸着水泥身躯，只待大庙得到更多布施，就可以变得周身金光灿灿。

柬埔寨受印度教影响，生活中以神命名的场所很多。金边最著名的赌场叫"那迦"——格鲁达的同父异母兄弟，就是国际游客在柬埔寨到处碰到的五头、七头或九头蛇造型；曾经一度领先的金边豪华购物中心叫"苏利耶商场"——苏利耶是太阳神的名字，也是格鲁达与那迦兄弟共同的父亲；金边开了一家高棉私房菜馆（老板是华人）取名"葛儒达"——就是本文说的格鲁达。餐馆主人之一是中国人民大学的毕业生，在柬埔寨一边在大学里任教，一边做国际法庭律师，同时也尝试当餐馆掌柜。

格鲁达英文拼为"garuda"，其实有中文的称谓，早先典籍里出现的揭路荼、伽楼罗、加楼罗、迦留罗都是指这同一个东西。中国佛经译自梵语，以汉字标注发音，所以佛经很难读懂。我在柬埔寨寺庙里向和尚布施后，和尚要诵一段祝福语，我问李财说的是什么，李财说他也听不懂，也没有几个人听得懂，反正是好话。再问："和尚说的不是柬埔寨话？"答曰："和尚说和尚话。"我突然悟到为什么玄奘要亲自取经，因为要到实地去弄明白那成串的僧言到底都指什么。

按现在中文官方公认的拉丁音对译法，写作"格鲁达"比较标准，

柬埔寨现代佛寺廊柱与屋檐之间的格鲁达

所以这个半人半鸟在中文里又增添了一种叫法。

　　关于揭路荼，进一步的解释是金翅鸟，是印度教传说中的金刚大鹏。这样总算是作了语义说明，在中文里也能找到有所指称的对应词。鹏是有神力的大鸟，庄子在《逍遥游》里就这么写的。金刚大鹏，多了仁字，多了梵音，添加了印度教元素。

鸟类崇拜是所有文明的共性，因为鸟长着人类生不出来的翅膀，可以飞离地面，飞向远方，是上古至今全人类的"羡慕嫉妒恨"。所以各国、各民族都想办法给鸟身安上了人脸，这是最古老的"PS手段"，也可以算作不同源而同构的崇拜。

我没有注意过中国寺庙里的格鲁达造型——研究者说，中原地区的佛教寺庙里就有，可能由于它本身很少吸引常人的注意。

又或许是这样一种情况，某种事物，当你不知道它存在时，它就不存在；当你知道它后，便发觉无处不在。

我在网上搜了一下，发现格鲁达形象出现在了下列事物中：泰国国徽、印度尼西亚国徽、蒙古国首都乌兰巴托市市徽、尼泊尔的钱币、中国西南地区的塔顶、敦煌壁画、中原佛寺的圆通宝殿、承德的外八庙；印尼有一家航空公司叫格鲁达，并把它作为标记；泰国2004年还有一部电影取名《格鲁达》。

从柬埔寨回来，我路过武汉市政府礼堂，在其外墙一小片浅浮雕上，看到似曾相识的图案。那是战国时期荆楚文化的代表性文物——虎座鸟架乐鼓的造型。两只神鸟各自足踏一虎，尾部相接，背向而立，引颈朝天，乐鼓悬在两只鸟的冠部，在神秘的造型下隐藏着激情。

我在省博物馆买了一条布满神鸟图案的蚕丝围巾，算作对远方格鲁达的致意。

1　柬埔寨波罗勉省一处乡村寺庙中的格鲁达雕栏
2　吴哥王城中心广场平台侧面的格鲁达

阿布萨拉，阿布萨拉

阿布萨拉不是印度教里重要的神祇，但她们在吴哥寺的壁画雕刻中占据了夺目的位置：院墙、窗棂、回廊、塔顶，几乎无处不在。她们或形单影只，或成双结对，或三五成群，全部胸乳毕现，神情高贵。

她们都有编结高耸的发式、褶皱迷人的裙裾。这一族美丽的女子，突然以石质的肌肤出现在人间，着实是一个大谜团。

整个柬埔寨似乎没有一座寺庙专门供奉阿布萨拉，她们只是配角。不，她们连配角都算不上，只是侍者，是娱乐更高级神祇的微神。但是举世闻名的吴哥寺在游人眼中似乎只有阿布萨拉，甚至柬埔寨国家级别的吴哥及暹粒地区文物保护管理机构也以阿布萨拉命名，称作"阿布萨拉局"（Authority for the Protection and Management of Angor and the Region of Siem Reap）。

被游客称作"小吴哥"或"吴哥窟"的吴哥寺，在本地人口中拼读为"Angor Wat"，"Angor"就是吴哥，在高棉语中本意指"城"，"Wat"指"寺庙"。按高棉语构词法，第一个词是中心，修饰词后置，"Angor Wat"字面的准确含义是"庙城"的意思。有一次与中国柬语界"达人"翔青女士讨论柬埔寨各个寺庙的名称，她指出了一个非达人不能注意的发现：在柬埔寨，几乎所有的寺名都是"Wat"在前，唯有小吴哥例外。

正因如此，小吴哥不是一般的寺庙，而是一座"庙城"。

把四周的护城河计算在内，吴哥寺占地长 1.5 公里、宽 1.3 公里。"孤独星球"系列丛书之一《柬埔寨》中写道："与它相比，欧洲城堡周围的护城河简直就像玩具模型一样。"

每当午后，沿长长的甬道自西向东走向吴哥寺院，扑面而来的是被阳光和水面托起的一道石头廊屋，即使旅游图册已经使这一景致广为人知，但亲自向它走近还是感受到出乎意料的震撼。高棉古寺基本为坐西向东，小吴哥是唯一坐东朝西的古寺建筑，故游人多把小吴哥的游览活动放在午后。

小吴哥兴建于 12 世纪上半叶，当时高棉帝国的国王是苏利耶跋摩二世。碑文记载说工程动用了 30 万劳力和 6 000 头大象。吴哥时代的寺庙是敬献给神的，吴哥寺是苏利耶跋摩二世敬献给印度教三大主神之一毗湿奴的寺庙，这也是它在吴哥庙群中的特异之处，因为高棉庙宇敬拜

$\dfrac{1}{2}$　1　夕阳映照下的阿布萨拉

2　阿布萨拉的头饰

的神大多是湿婆。此外，西方研究者认为，吴哥寺的另一个功用是作为国王灵寝的安置处，因此它面朝西方而建——西方，日落之处，是死亡的象征。

然而，最为小吴哥增添魅力的是无处不在的阿布萨拉石刻雕像。在无数游人的抚触下，她们饱满坚实的胸部历经数百年越来越光滑润泽。她们被石头赋予身体，她们赋予石头以灵魂。

在小吴哥初次遭遇阿布萨拉，涌上头脑的最大疑问是——她们都是从哪里来的呢？

阿布萨拉是印度教传说中的一众舞蹈女神，享有共同的名字，她们的丈夫也是一个群体，是音乐男神。中国的佛教典籍把阿布萨拉译作"飞天"。

但是，古代高棉人怎么知道天神阿布萨拉长得如此美丽呢？那些精巧的发饰，那些撩人的衣带都是谁人设计？

像阿布萨拉一样跳舞在柬埔寨传统中是一种很高的艺术，历史久远的柬埔寨皇家宫廷芭蕾舞又称"阿布萨拉舞"，2008 年，被列入非物质形态世界文化遗产名录。在现代柬埔寨，有钱人家会送女孩儿专门研习这项技艺，据说其中每一个手势都要学习很长时间。

柬埔寨文化学者认为阿布萨拉舞在宫廷有上千年的历史，如此说来，900 年前出现在小吴哥石头上的这些仙女有血有肉地存在过，她们应该是伟大国王苏利耶跋摩二世宫廷里的舞者。这座名为献给宇宙维持之神毗湿奴的庙宇，实则也是献给国王自己。一位能驱使 30 万徭役和 6 000 头大象的国王，焉能不是掌控世界秩序的大神？

苏利耶，在柬语中意为"太阳"，苏利耶跋摩二世在位期间，北方的蒙古铁骑正横扫世界，强悍的欧亚大陆为之战栗；而高棉人却在安享它的帝国梦，它四周的邻居——占婆、暹罗和缅甸，悉在其掌控之中。

1296 年，蒙古人在中国建立的元朝廷向高棉派遣了一干使者，其中一位记录了那个时代高棉人的服饰风尚："自国主以下，男女椎髻袒裼，止以布围腰。"

那些椎髻袒胸的高棉女子，就是美丽的阿布萨拉。

柬埔寨阿布萨拉舞，又名"柬埔寨宫廷芭蕾"，被列入世界非物质文化遗产名录

猴王哈努曼

　　出金边北向十余公里有座寺庙，金碧辉煌，雕门画梁。在一扇关闭的门板下半截，我发现了孙悟空的异国形象：侧身半蹲，头戴金冠，手持刺戟，还有一条长长的尾巴，这是神猴哈努曼。

　　这座庙不过是遍布柬埔寨的普通寺庙之一，是当代柬埔寨人节日礼佛布施的去处。

　　对于到过柬埔寨旅行的人，最容易记住的还是暹粒女王宫内的哈努曼雕像。距大吴哥城40多公里的女王宫以举世无双的红沙岩精美雕刻享誉世界，湿婆主神、护卫女神都是嵌在壁上的深浮雕，但哈努曼却是完全的三维雕像，一尊一尊地蹲坐在女王宫内廊的石阶上。

　　哈努曼是印度史诗《罗摩衍那》里的神猴，被赋予的使命是辅助罗摩王夺回被魔王罗波那抢走的妻子悉多。史诗形成的时间据考证是在公元前 300 年左右。吴承恩 1800 年后写出了一个孙悟空，保护唐僧西天取经，与哈努曼的使命相似。更相似之处是，他们都是超越时空束缚的神灵，都能腾云驾雾，有多重化身，是当代科幻电影里的天行者（Skywalker）和蚁人（Ant-man）。

　　哈努曼是印度的原生神猴无疑，但文化在传播中发生的再造和重构，其影响力和稳定性往往超越母题。高棉传统舞蹈离不开印度教的神话母题，如果阿布萨拉女神舞稳居第一，那么接下来就该是神猴哈努曼的舞蹈。他们都是印度教里的次神。阿布萨拉舞又被称为柬埔寨宫廷芭蕾，已列入世界非物质文化遗产名录。似乎没有什么人为印度鸣不平，以为这项遗产非安到印度头上不可，反例倒是有一个。

　　2012 年 3 月，一家印度信托公司在印度东部的比哈尔邦（Bihar）计划仿建一座吴哥寺，并在恒河河岸举行了奠基礼，此举冒犯了柬埔寨上上下下。柬埔寨文化艺术大臣亨卿立即正告："全世界只有一座吴哥窟，就是柬埔寨的吴哥窟。"

　　柬埔寨吴哥寺在 1992 年被联合国教科文组织列为世界文化遗产，印度此举看起来完全不占理。但吴哥寺的确是一座印度教神庙啊，当初是为膜拜印度主神毗湿奴而建造。所以印度这边不理会，还在建它的神庙，而且计划投资 2 000 万美元。又过了三年，到 2015 年 6 月，柬埔寨政府再次警告，写信给印度政府呼吁停止仿建吴哥寺工程，印度政府回话说，我们造的是世界头号的印度教寺庙，不是吴哥寺的"复制品"。

从历史源头看，柬埔寨确实属于印度文化圈，吴哥古迹全部是大大小小不同时期的印度教神庙。再远一点儿扩展到距吴哥近百公里的高盖地区古遗址（年代相当于中国五代十国时期或宋初），那里有一座叫"震"或者"陈"的神庙，名字是"中国"的意思，但它还是一座印度庙。寺内原本建有著名的印度史诗《摩诃婆罗多》人物群雕像，20世纪70年代被文物贩子劫掠，辗转落脚到美国大都会博物馆。2013年，大都会博物馆归还给柬埔寨其中两尊雕像：般度家族的无种和偕天两兄弟。现在它们都安放在柬埔寨国家艺术博物馆里，作为珍贵文物在专室展出。

在现代的高棉佛寺里，有各种醒目的雕刻造型：比如哈努曼、格鲁达、那迦、南迪、辛哈，它们分别是印度教里的次神：神猴、金翅鸟、龙、神牛、狮子，也对应着十二属相中的动物。

十二属相之说不是中国的专利，印度有，柬埔寨也有。大吴哥王宫斗象台对面的景观就是十二属相塔，虽然对其用途众说纷纭，但十二属相作为柬埔寨风俗之一是早就有的。比如中国猴年从中国农历初一开始（2016年2月9日。另外中国生肖年也有从立春日算起的说法），柬埔寨的猴年则是从柬埔寨新年（2016年4月14日）开始。柬埔寨新年的隆重之处在于，新年的起始时间精确到秒，由国家宗教部、僧王推算出来并正式向全国发布文告。此外，在名物上与中国还有一点儿差别。2013年是中国蛇年，北京总部要求当时派驻柬地的我写一写关于柬埔寨的那迦——编辑以为是蛇年图腾。但实际情况是，在柬埔寨，蛇年图腾没有什么特别，龙年图腾才是那迦。那迦在柬埔寨的神力犹如龙在中国，所以虽然它的形象与眼镜蛇有几分相似，但它就是柬埔寨的龙。古代高棉人自认为是那迦神的后裔，柬埔寨的那迦座佛像比莲花座佛像更为普遍。

1　上丁省湄公河西岸的塔拉保拉维古城遗迹。此处曾是真腊王朝时期重要的贸易城市。

2　塔拉保拉维一处无名塑像　　　3　柬埔寨首都金边附近一处现代佛寺门板上的哈努曼形象

关于属相的源头众说不一。中华文化圈内的中日韩讲属相，越南也讲属相，只是猫替兔位；印度的属相品种与中国风俗稍有变异，金翅鸟（格鲁达）替代鸡，狮子（辛哈）替虎，大蟒居龙位，那迦居蛇位。

有人考证说十二属相源于印度，也有人坚持十二属相的风俗源于中国本土，并追溯历史，认为在隋代就已形成。实际上，文化交汇在历史上的起点和范围超出当代人的想象。地球村并非由当代科技第一次打开，在此之前有张骞、玄奘、马可·波罗、达伽马及哥伦布等人；在这些人之外，还有那些无名的商旅、冒险家、流浪汉。

以今天的眼光看，孙悟空是穿越时空的产物。肉身的唐僧只有一个方向——西方天竺，而孙悟空四方八维、海底空中，一个筋斗十万八千里可把地球绕出一圈儿还多，两者完全不在同一维度。当代香港电影《大话西游》最先悟到这一点，所以至尊宝成为一种经典。关于数百年前吴承恩刻画的孙悟空形象给当时文化语境造成的颠覆性，我们今天能得到的信息有限，只能充分脑补。那么哈努曼神猴呢？印度史诗《罗摩衍那》存在的历史更为悠长，那只不受地球引力束缚、量子化存在、护佑人类智慧的猴子，在人类的想象中究竟存在了多久？或者他在现实中是怎样的存在？

唐僧往天竺，一路向西，途经的那些妖怪国脱去神话外衣，我们知道描述的是现在世界版图的中国新疆境内、吉尔吉斯斯坦、乌兹别克斯坦、阿富汗、巴基斯坦和印度等地的叠嶂山峦、莫测气象。这条取经路线，也是艰险的古代通商路线。

文明到底在何处交汇?

　　柬埔寨不在玄奘的取经路线上,但此地人民对于来自中国的孙悟空不仅熟悉,而且喜爱:他们不怪罪孙悟空盗版哈努曼,高棉佛寺里也会排列出唐僧师徒四人的塑像。在脱不掉印度教风格的柬埔寨,《西游记》真正呈现出一派彻底的中国风。柬语版《西游记》在柬埔寨最受欢迎的广播节目中播讲。孙悟空甚至还是一个文化中介元素,翔青曾跟我说,"如果你要向柬埔寨人介绍桃子这种北方产水果,只需告诉他们就是'猴子吃的水果'"。

　　2013 年至 2014 年间,为了在柬埔寨寻找海上丝绸之路的痕迹,我数度从金边上溯湄公河,探访湄公河上的重镇:磅湛、桔井、上丁。上丁是湄公河进入中下游段平缓水域的第一个渡口城镇,西岸的塔拉保拉维(Thala Boravit)曾经是真腊王朝时期著名的贸易城市。此处向西,是古代伊奢那城,即玄奘所述《大唐西域记》记载的真腊国都,现在叫作古真腊遗址三波坡雷古。如果旅者往返暹粒吴哥与金边之间,也会经过通往它的岔路。向北,是老挝边境,湄公河就是那条悬挂在山崖上的瀑布。

　　如果塔拉保拉维算是古代湄公河中下游段航运的起点,那么离现今胡志明市不远的 Oc-Ec 文化遗址可视为其终点。Oc-Eo 位于现在越南的安江省,其名称在古代高棉语里是"水晶之河"的意思,被认为是柬埔寨扶南王朝的属地。这个当时位于湄公河三角洲的重要通商港口,据学者考证,就是古罗马的托勒密(公元 90 年—168 年)在其著述《地理学》中提到的喀提嘎拉("Kattigara"据考出自梵文,意为"强大的城市")。

它在托勒密时代就名声远扬至欧洲，已经够让今人惊讶的了；更让今人惊掉下巴的是，在1983年至1993年这十年的考古发掘中，人们在此地发现了与中国、印度、地中海，乃至中亚地区相关的文明遗存。当年该是怎样壮观的文明交汇图景！

在柬埔寨上丁省，我乘船渡到湄公河西岸的塔拉保拉维。如今这里只有简陋的村庄和破败的真腊寺庙残迹，一尊唐人（或越南人）样貌的古老石像顶着烈日，接受偶然的供奉。这座曾经繁华的城市现在寂静无声。

与金边王宫隔河相对的干拉省寺庙中唐僧师徒取经的塑像

肆·自在

芒果树下等戈多

才三个多月，院里的芒果树结了两茬。大丰收了，我们打电话把芝万叫来。芝万是个快活的摄影师，索万送给他一个外号：Monkey Man。这个"猴人"几卜子蹿上七八米高的芒果树，替我们采下了上百个芒果，堆在石桌上。

我请求大家把好的先带走。芒果多得盛不下，送不出。所以有人说，这里没有温饱问题。洪森首相也说，柬埔寨人民营养不良与生活及饮食习惯有关，而非没东西可吃。

来到金边 294 街 19 号院之前，X 先生向我描述到金边后的生活情景："你将住进一幢别墅，院子里有一棵芒果树，晚上你在树下乘凉时，芒果会掉下来，碰巧的话，就砸到你的头。"我当时点着头，表示认同这

$\dfrac{1}{2}$ 　1　芒果树下的牛
　　　2　柬埔寨干拉省乡间的男孩

诱惑的想象。但我真正的想法是：竟然如此寂寞么？

芒果树下是不能贸然坐的。它太甜，蚂蚁围着它转，细小而强悍的蚂蚁会咬得你钻心疼。树下可爱的石椅、石桌坐一次就不敢再碰了。

猴人芝万警告我不能碰树，因为小蚂蚁会爬到身上。"但是我，"他指着自己，"不怕，蚂蚁不要吃我的肉！"他的肤色实在太黑了，以至于把眼睛衬得太亮，牙齿照得太白。

入夜，犬吠停止时，会有别的声音透过树枝、越过纱窗传入耳畔"咯——嘎——"，声大得吓人，是蛤蚧。我在室内墙壁上见过这东西，机警而敏捷。它是吃蚊子的，因为相信它，我没点过电蚊香。但最惊扰孤梦的，是深夜偶尔坠落的声音，真是坠落，芒果从树上咕咚掉下来，这比住隔音不好的楼下还揪心，鞋只有两只，芒果几只呀？

落在院中网棚上的芒果是珍品，自然熟自然落，又不曾跌破相。作为 19 号院守护者兼管家的敏母拿竹竿让索万捅下来，我兴奋地奔到树下相帮。我说："你让它飞起来，我把它逮住。"他真用竹竿捅飞一只，沿抛物线离开网棚下落，我眼疾手快，恰巧抓在手中。完美表演！接着来！索万的第二竿更漂亮：五六只黄绿芒果同时飞起！

"One by One！"我大叫，但已是迟了。一只在手，另一只在我眼前摔得稀烂，还有三只滚到围墙根去了。索万很乐，说："你真幸运，没被砸到！"嘿，他不懂道歉么？

　　我们围着石桌上的芒果欣赏时，讨论这棵树会给我们带来多少收成。索万说，芒果一年结两次，但是这棵树，他指指，一年结三次，而且比市场卖的都好吃！"那我们拿到市场上卖怎么样？"我问，他们都笑。其实我想换的不是钱，而是索万说的那句话——我们的芒果比市场上的任何一家都好吃。我们这棵树值得炫耀。

　　敏母又装好一袋芒果递给索万纳拉，这几天因为不停地送出芒果，所以她显得格外快乐。勤奋的索万写完稿子，芒果还没吃完，一手提着计算机，另一手执着芒果边啃边离去。

　　摘芒果是有特殊工具的。院子里竖着根三四人高的长竿，顶端有个

東埔寨女子肩扛采收芒果的竹竿

小笼筐，把杆子举到一颗芒果边，套住它，往下拉，芒果就下来了。有一次在湄公河东岸的乡下，看到一个扛着摘芒果的长竿的女人，我跟着她拍了张照片。女人行走得太安静，就像午后的阳光照在村路上。

还想起一张跟芒果有关的照片：在乡下徒步时，看到一个大眼男孩悠闲地举着一只芒果，并不急着吃。我急着留住他的悠闲，举起相机，这时另一个女孩更急着跑过来，她怕失去我举相机的瞬间。

芒果树就是芒果树，没什么象征意义。在芒果树下就是为了摘芒果，不是坐那喂蚂蚁。所以我想了想，这小文的题就叫"芒果树下等戈多"吧！

1 内墙上英文Brown为咖啡馆的名字，英文右下角的高棉文为数字"5"和"1"。这家咖啡馆位于金边51号街

2、3 位于金边河畔的又一家Brown咖啡馆

与柬埔寨咖啡的恋爱

　　金边街铺的早餐是这样的：一碗粿条，一杯咖啡。粿条就是米线，发端于中国潮州人的小食摊，咖啡由法国人带来。这两样一起上了柬埔寨的餐桌，真是略显古怪的组合。

　　但是柬埔寨人就是这样的吃法。无论坐进哪一家卖早餐的店铺，粿条和咖啡是绝配搭档。咖啡并不是柬埔寨的小资专属。在金边的手推餐车上，冰咖啡常常被盛在塑料袋里，配根吸管卖给路人。有一天看到敏母早上买菜回来，手里攥着盛褐色汤汁的塑料袋用吸管啜饮，像中国城市居民赶早路上喝豆浆一样，我才知道在金边咖啡有这样的喝法，知道敏母也是喝咖啡的。后来有一次天不亮就启程去戈公省采访一个工程仪式，途中在山间路边吃早餐，吃完一碗粿条后，照例可以像在金边一样叫到一杯咖啡。

咖啡需要饮者的从容。法国人把咖啡种植带到海外殖民省，也给这些地方带来了慵懒或从容的咖啡风气。金边的清晨通常是从容的。我和耀辉有时相约去吃粿条，接着再饮一杯咖啡。"我们就是这样啦。不会那么忙忙碌碌，早餐吃完，坐在一起，朋友一起聊聊说说，有时一上午就过去了。"耀辉下午多半还会到报馆附近的咖啡店坐坐，与记者同行碰面，交换交换当天新闻，为要写的稿子准备素材。这样的咖啡店价格亲民，一杯咖啡大概在 1 500 瑞尔到 2 000 瑞尔——四分之一或三分之一美元。泡制方法也比较简单，就是玻璃杯盛的黑咖啡，要加奶就加 500 瑞尔，多一小杯炼乳；或者要冰咖啡，多一些碎冰。这是本土咖啡的喝法。

我在东部柴桢省（Svay Rieng）邻越边境上的木牌小镇还喝过越籍高棉裔女掌柜冲泡的越式滴漏咖啡。一只亮闪闪的小锡罐扣在玻璃杯上端来，等咖啡汁从锡罐与杯子间的滤网慢慢滴下去，滴成一杯，然后倒入甜炼乳，慢慢喝。在那样气氛多变的边境小镇，喝下这一杯咖啡必须具备好心情：首先，不要想赶时间；其次，不要表现出对陌生环境的茫然。

金边毕竟曾是法国殖民地，又是国际化城市，所以开在外国人洋房区或城中高尚区的咖啡馆一般充满欧洲情调，铺面设计时尚，与国际接轨，多卖意式香浓咖啡，甜品可口，厨房做的意大利面条也好吃。我住在金边时，北京还没有现在这么多富有设计感又招揽普通消费者的咖啡馆，因此每次回国休假都感觉到一种生活氛围的欠缺。

布朗咖啡馆（Brown Café）有"柬埔寨星巴克"之称，开业三四年，在金边已经有八家连锁店，多选址在河畔、使馆和大学区。从王宫前往湄公河方向沿西索沃大街，紧挨着有两家布朗，早起的营业时间一家是六点，一家是六点半。这里能看到河边风景和街景，清晨到店里占据一个不错的位置，叫一份咖啡和三明治，是美好一天的惬意开端。我最初走进的一家布朗店是金边 294 街 51 号，与这家相距 300 米的南向一条街，也开着一家布朗（到我快要离开金边时，街对面又出现一家布朗）。刚到金边时，晚上开车回寓所，因为路不熟在巷子里绕来绕去，总看到"Brown"字样，不免有鬼打墙的感觉。没过多久，在两家 Brown 之间，英国品牌咖啡店 Costa 挤了进来，这三点构成了完美的勾股弦。

Costa 在 2013 年初开张，二层楼，与我住的院落只隔着一座别墅院。2013 年是柬埔寨的大选之年，各种游行请愿活动经常把这一片安静的街区瞬间变得热闹非凡。联合国选举监察机构也在 Costa 附近，当时是请愿活动的重要目的地之一，因此 Costa 成为我的一个临时办公点，我在二楼拍完新闻照片后立即在咖啡桌前发回总部。与此同时，柬埔寨精英们也坐在这间咖啡馆里一边饮着咖啡，一边揣测洪森的柬埔寨人民党会不会同意对大选重新计票。

这种高级店面里的咖啡并不便宜。Brown 咖啡馆一杯拿铁按量分为 3.95 美元、3.35 美元、2.50 美元，合人民币十五六元到二十四五元不等。一个只有 80 美元月薪的柬埔寨公务员想必来不了几次。

但 Brown 和 Costa 似乎总是爆满。咖啡馆里坐的不只是外国人，这里是柬埔寨学生的自习室，也是自由职业人的办公桌。有人谈生意，有人谈恋爱。而我，居所偶尔停电或邻居太闹时，就来这里写稿。店堂里不时有磨咖啡的嗡嗡鸣响，或者也会碰到大嗓门的邻桌，周末时还会赶上一家老小十多口子在咖啡馆愉快地聚会。

后来，在294街东端与诺罗敦大道相交的路口，又出现了一家越南的连锁咖啡店，依然是独特的设计风格，依然是不亲本地人的价格；对我来说，依然是个好去处。

或许就是由于这些咖啡馆的兴起最终把我挤出了294街。从1998年起，294街19号作为我们的驻地长达16年，院子里的芒果树长到七八人高。但是房东说，她要把这个院落与相邻的楼屋一并收回，改造成一个新用途的建筑。这家房东，与这座院落的缘期还没有我们这租客的年头长。

我离开金边前后的那段日子，已经在向北的一个街区另觅了一处驻地。为了向在金边最后的时光告别，我专门跑回294街51号的布朗咖啡馆坐了半个下午。彼时面前的一杯咖啡牵动我无限的爱意和眷恋，像谈了一场对象不明的恋爱。我眼里只能看到墙上的文字，那是两个表示5和1的高棉字母，是敏母最初教我说的两个数字：孛蓝，梅。

蒙多基里省和腊塔纳基里省都是柬埔寨优良的咖啡产地，在金边时我常常到附近的幸福超市购买这两个产地的咖啡。有一次买到纪念版：是为2012年7月18日泰国军队撤出对柏威夏古寺的占领而特制——那个日子，我躺在床上，被柬埔寨特有的登革热击倒，无法远赴300公里之外去柏威夏观礼高棉民族这一胜利仪式。

　　柬埔寨人一向喝着自产的咖啡——其实是法国人带来的咖啡，没有什么人能剜除法国殖民统治遗存的影响，就如同他们早餐吃的粿条，没有什么人能把这碗米线从柬埔寨饮食中划出去一样。饮食真是最好的融合剂。神用信仰分开了世人，又用食物把他们黏合在一起。

暹粒一家酒吧

　　屋里飘荡着榴莲的气味,白天剥下来的钉状果壳堆在餐桌上,没有拿出去丢掉。

　　是榴莲种植者对品种做了改良吗?清甘、诱人的植物香气在盘旋。日间从店里买回来,在汽车里也留下这气味,我把车窗升起,阻断北京五月街道边盛开的十姐妹,独享榴莲分子运动的舞蹈。

　　这一次买到的是泰国榴莲,上一个星期天是马来西亚的。泰国的肉质黄、果核小;马来西亚的核大但果肉如碧色的软玉,清爽糯口,让你觉得不菲的价格花在果核的分量上也是值得的。

　　北京的水果店铺里近几年出现越来越多的榴莲,好像没有摆出这种远在东南亚的出产，都不好意思卖其他果品。

5月，在世外桃源般的柬埔寨贡布，在通向泰国湾的甘再河畔，在河畔的榴莲园，该有更多的大快朵颐和大声欢笑吧？

去年（2014年）我到过那里；去年的去年我也去过；去年的去年的去年的这个时节我还去过，那是第一次。第一次贪婪地吃榴莲，第一次看到榴莲在果园里成熟，第一次和种榴莲的人说话。

有人爱秀自己的各种"第一次"，因为其中必有"萌感"。此外呢？每一个第一次之后，接下来就有一个崭新的世界呈现在你面前。这个世界在"第一次"之前，完全是封闭的疆域。没有第一次，后面的世界你就永远不知道了。

很少有人喜欢自己第一口吃的榴莲。"怪怪的。"他（她）们说，真的只吃一小口或一小块儿。

第二次会多吃一点儿。第三次，一般来说，就进入了榴莲的世界。

榴莲是个性强烈的果品，它的气味是个性之一，做不到人人喜欢。在飞机航班上和酒店里，榴莲都在禁入之列。在其他非私场所，比如聚会时，如果你要吃榴莲，礼貌的做法是先问别人介不介意。酒店自助餐水果里是没有榴莲的，除了价格因素，它独特的气味也不便于在公共空间扩散。

1 榴莲是柬埔寨贡布省醒目的城标
2 贡布铁桥

在柬埔寨，有一次我和数人同车远程旅行去柏威夏古寺，不想花费时间停下来打尖吃饭，想到榴莲是天然的能量棒，便小心地问同车人有无反感榴莲的，不料得到一致的热烈响应，于是在路边买榴莲钻回车里同吃。

一辆坐满男女、充满榴莲气味的汽车，闭窗行驶在热带公路上（因为高温必须开冷气）。光是这场景，想想就有喜感——气味相投是多么令人喜悦。

很早以前看过一部影片叫《榴莲飘飘》，故事发生在香港，主演是秦海璐，她扮演的中国东北女子在香港第一次接触到榴莲，也第一次进入血汗工厂般的性交易产业。

香港不是榴莲产地，但它是更多物产的汇聚地，特别对中国内地而言，是中转站——不仅中转物产，也中转各种社会产物，如饮食习惯、制度文化、阶层生态。

《榴莲飘飘》拍摄于 2000 年，彼时香港刚刚回归三年，大多数地区的中国人对榴莲还相当陌生。15 年之后，香港这个中转站几乎完全可以越过，不仅东南亚多国的榴莲直接进入中国内地城市，而且更多的中国游客亲自跑到东南亚吃榴莲、看世界。

即便我从一开始就不排斥榴莲，但不得不承认榴莲气味给我的第一感是"臭"的。最早我是在北京超市里买榴莲，也在餐厅里吃榴莲酥皮点心。在柬埔寨第一次吃榴莲是在榴莲种植园里，记忆中也是闻起来臭，吃起来美。直到有一天，我在贡布从一对柬埔寨夫妇手中买到一颗绿皮榴莲，放进车里那一刻，我突然闻到了一股奇异的植物清香。

贡布是柬埔寨西南部的一个地方，如果你沿着这个东南亚国家不太发达的公路向那里走去，会在道路交汇处看到一颗巨大的雕塑榴莲，这是这座小城的标记，也是此地人的幸福。

曾在图片上看到过榴莲被标注了一个英文名字——NAIL FRUIT（钉子果），一个因形而起的英文名字。但是不真正拥有，就不会有真正的命名权。它更通行的名字是"DURIAN"。贡布的一位柬埔寨少年教我：TWO 俩（发音为"tu-liang"），如果你记不住，就记"TWO""俩"（英文与中文意思相同，都是"二"）好啦，他晃动着两根手指头。

其实还好啦，按柬埔寨人的发音，T 和 D，D 与 L 都像孪生兄弟，我很容易把 DURIAN 转成 LIULIAN 的发音，它不但是一个好听的名儿，而且还占有两个美丽的汉字——榴莲。

贡布荒废多时的铁路

沉香

　　刚刚到金边时，在某一个公务场合听到有人在窃窃私语。对话人身份神秘，更显得被谈论的事物神秘。

　　"喂，见过真的吗？"

　　"见过。有一次朋友带我们去了一幢别墅里，主人取出来给我们看过。"

　　"水沉还是土沉？"

　　"放到水里，看到沉下去了。土沉是什么？"

"我也只见过水沉。闻到香气了吗？"

他们说的是沉香。

后来，有一次，一位长者到寓所探访，赠送了一根尺来长的木管，管中纳有一束燃香。长者说，是沉香，疲倦时有醒脑功效。

烟线缭绕时，有一股旧木或糊米的气味在空中弥散，如果喜欢的话，权且称作香气，富有侵略性，但不讨厌。

我在友人聚会时宣布，我见过沉香。别人打探了细节之后，"嘿嘿"不语。

直到居留日久，结识了Ｗ先生，沉香谜一样的大门对我才算彻底洞开。

Ｗ先生在金边打拼十余年，在偏远的柬埔寨西北省份，独占了"中国人"的称谓——那里的柬埔寨人见面不称他名字，就叫他"朕"——柬埔寨语中的"中国人"就是这么发音的。

很多年以前，一句柬语也不懂的Ｗ先生在柬埔寨承包土方工程。中国公司在柬埔寨搞基础建设，造桥修路架电网，Ｗ先生为这些工程挖地基。不全是自己挖，也招募当地柬埔寨工人一起干。有一天挖出一块朽木，当地人拿给Ｗ先生看，告诉他，这个东西在中国人眼里是个宝。沉香就这么找上了Ｗ先生。

　　W先生在金边市北部租了个院落。逢周末时，旅居的中国朋友会去院子里坐坐，在花架下喝他家女主人自酿的米酒，吃他家女主人烧的东坡肉——有米酒喝有肉吃的时候，W先生突然显得年轻了十多岁，我们说这必定是因为有女主人持家的缘故。喝米酒之间，捎带着欣赏W先生搜罗来的宝贝。

　　他先给我看的是一些烂木桩。这就是传说中的沉香？W拿起来让我看木桩心部，指着木质年轮处的黑色纹线，说："看，这就是沉香油。"

　　我将信将疑。用手抠了抠，木质很松，如何沉入水中呢？

　　当今世界，只要知道一个名称，就可以知道更多。我拿着iPad一边搜索一边向W提问："只有这一种香科的树才结沉香吗？""只有被雷劈被虫咬才结沉香吗？""可不可以在这种树上人工培植沉香？"

　　这些问题其实百度上都有人回答过了。

　　最后问："沉香真的这么神吗？"

　　对这个问题，W笑而不语。

　　我在小院里断断续续看了更多的宝贝："奇南"，长得有一些像蘑菇化石，黑黑的油线纹理密集；"水沉"，放到水中就沉下去，因为油脂重，但是被叫作水沉应该是因为是在水里找到的香树朽木；"土沉"，一看就是从土里找到的，灰头土脸，W 把它擦净后，露出黑褐色的质地，纹理呈油脂质。

香木树在柬埔寨的热带森林里安静地生长。雨季的时候，或者雷火击身，或者虫食寄生，这生命受损的树木为自我疗伤分泌的汁液渗入树干，就结成所谓的"沉香"。

中国自古就视"南洋"为稀世珍宝的产地。《真腊风土记》专有"出产"一章，列举出柬埔寨的各种奇珍，包括：翠毛、象牙、犀角、黄蜡、降真、豆蔻、画黄、紫梗、大风子油，等等，独不见"沉香"二字，但降真、豆蔻、画黄等都是有香气的植物类药材。明朝人汪大渊所著《岛夷志略》"真腊"条中提到"地产……沈速香"，应该就是沉香。柬埔寨朋友告诉我：沉香，当地人发音为"克劳木占母"，"克劳木"是指树干里一种黑黑的物质，"占母"是指当地一种很香的水果。

W 终于有一次答应做我的向导，陪我去偏远的西北省份拜林。这一程我见识了这位柬埔寨的"朕"。他在车里放着中国茶叶和各种零食，每见到一位柬埔寨"布马"（意为"朋友"）就留下一份。我问他这个"布马"叫什么名字？他说"不知道"。那个呢？W 答，就叫他"邦通"（"大哥"的意思）。

清晨，我们在拜林街面的饭铺吃饭。W 向邻桌一个柬埔寨人打招呼，那人热情地坐过来。我问 W，这人的名字知道吗？

"都是布马。"

传说中的沉香

"这人是个官儿，不信你问问他。"我说。

原来是拜林市计划局的局长。

W说，我认识他很多年了，都不知道他是个大官儿。你怎么一眼就看出来了？

我得意，点头不语。

局长开车带我去看乔森潘的旧居和波尔布特等人早年在泰柬边境的一处办公营地，W就留在小饭馆和其他"布马"聊天儿，操着流利的柬语教柬埔寨人发微信。

只有这样的人才有缘与沉香相遇吧？

归途中，他接到一个电话，把车开出主路，拐进一个村庄，在一座木屋前停下来。

W对我说，"有人找到了沉香，我带你去看看"。

一屋子都是柬埔寨老乡。W脱了鞋，在大木床上坐下，有人拿出一块木头样的东西递给W，W接过闻了闻，用小刀削了些木屑，放在他自带的电子香炉上。很快，一段烟线在屋里升起来，飘来一股炒米的味道。

W摇了摇头。

又有人拿出一颗动物牙齿，W说是野猪牙，问我想不想要。

我也摇了摇头。

房屋三面开窗，一个柬埔寨小女孩趴在窗边向里面看。房屋周围来了好多来看"朕"的柬埔寨人。

汽车开出村子，我问W："怎么不要呢，我觉得也是沉香啊！"

"你闻不出来吗？不够上品。"W答。

"我闻所有的沉香都是炒米的气味儿，区别只是炒的程度不同而已。"

W不再和我说什么。

经过一片树林，W指给我看："看，那片是我的沉香树林！再过几年，我会有自己培育的沉香！"

W雅号"菩萨香农"。"菩萨"，是柬埔寨西北一个省份的名称。

到桔井探访江豚就像追逐一场爱情。

我在朋友圈里发布消息：4 月 1 日到桔井看江豚！

远在暹粒的肖荣立即呼应："我也想去！"

　　然后，过了三天，他真的就去了，从柬埔寨西北暹粒冒着雨驱车经柏威夏，在上丁夜宿，再乘轮渡涉湄公河，碾过"糟糕透顶的 7 号公路"，到达桔井。"在看到的那一刹那，惊喜异常，一路的颠簸都成浮云了。"看完江豚第二天，他又开着蓝色小丰田渡过湄公河，颠回暹粒去了。这一往返有 800 公里，历时三日。

进入 4 月，伊洛瓦底江豚依然在湄公河柬埔寨境内嬉游，但已接近它们在下游段的告别演出。到 5 月份雨季开始，它们就会向北游，过上丁，进老挝境内。

我的行程没有肖荣那么艰辛。清晨从金边出发，沿湄公河北上，先经停磅湛和桔井两处，到达桔井省的甘比乡（Gambi）是当日午后。

湄公河在桔井甘比乡一段宽阔浅缓，江面光影流淌。从岸上望去，水花跃动，及至荡舟江上，两三只江豚在金波里追逐嬉戏，忽隐忽现。

但是下午的阳光太刺眼了，只好用照相机镜头盲目地追踪声音的方向。

宿江边客栈，查看相机，才真正看到江豚——圆润、灰蓝的头背部浮在水上，在躯干侧面，似有一排细小的水柱喷射。这幅照片前后相邻的两张也拍摄到了江豚：前幅是全身尚隐在水面下，后幅是圆润的鳍峰还露在水面。这三张照片让我激动得几乎掉下泪来，彻夜未眠。

比这早一年，我们的柬埔寨摄像师利宏说他计划往桔井的湄公河边自然保护区拍摄，结果只拍摄到被村民保护哺育的小海龟。我问他是否看到江豚，他说没有。看江豚得具备三个条件：① 得乘船到江中；② 得选择旱季的清晨和傍晚它们出现的特殊时段；③ 得到达观赏江豚的最佳地点——桔井市 15 公里之外的杰博雷县三坡乡甘比村。

维基百科上说，湄公河里的江豚是生活在淡水中的短吻海豚，也叫伊洛瓦底江豚。据世界自然基金组织指出，目前世界上仅有三条河流栖息着这种珍稀物种：缅甸的伊洛瓦底江，印尼加里曼丹岛的马哈卡姆河，柬埔寨至老挝之间118英里的湄公河段。柬埔寨境内有78～91头。每年11月到4月柬埔寨进入旱季的日子里，在桔井省的湄公河段，清晨6点到7点和傍晚4点到6点，江豚便跃出水面，相互追逐。

夜晚在兴奋的思念中滑过。天色未明，湄公河畔刚摆开早市，我们就顺着河畔再往甘比村趁清晨看江豚。

这次问了撑船人的姓名，原来叫庚龙，是当地村民。他熟知江豚习性和游动路线，把船驶到接近江豚出没的水域，带领我们逐江豚的嬉水路线划行。

桔井城标

　　在碎金堆叠的江面，它们如约出现在朝阳里，三五成群追逐嬉戏，不知听从了什么样的号令，一起从水里跃起，再潜到水下；它们自顾自地玩耍，绕圈疯游，像身形矫健、逗引保姆追逐的顽童，河岸和沙洲围成的水域就是它们的游乐场。它们一直玩到太阳升高，才意兴阑珊地潜身水下，让河面恢复了平静。

　　周达观在《真腊风土记》中对江豚有记载，称之为"吐哺鱼"，现在它们已是地球上的珍稀物种。2004年，湄公河（伊洛瓦底）江豚作为濒危物种被列入世界自然保护联盟红色名单。2012年8月，柬埔寨

江豚近影

政府通过决议，设立了湄公河江豚保护区，将柬埔寨境内包括桔井和上丁两省110英里河段作为保护区，禁止下网捕鱼。

拍摄到湄公河江豚的全貌要看运气。我从金边独立碑书店带回的《湄公河》摄影集中只有一张江豚的照片，是摄影师拍摄于江豚跃出的瞬间，头部已入水，仅见尾部。

但是我以为还有"爱情"的力量。因为追逐这些精灵的身影真像投入一场爱情，需要耐心和专注，需要激情和崇拜。

在金边潮州会馆，柬埔寨华人醒狮团为迎接春节演练舞狮

唐人，华人

　　我不知道香港电影人王家卫对柬埔寨有什么样的情结，但是金边这个地名一再出现在他的电影里。在《花样年华》和《2046》里当作深藏的背景：主人公曾在金边谋生；或者，梁朝伟跑到吴哥的塔布隆寺向树洞诉说心底的秘密。

　　早先移民到柬埔寨的华人多是广东潮汕人、福建人和海南人，这些移民把香港和柬埔寨从地理上连接起来。在金边近三年，我吃过三回端午粽，都是受赠于杨先生。每年，杨先生都会从金边的粤菜馆"老地方酒家"订购上千只香港味道的粽子分赠金边的友人。这样的情节，也像发生在老电影里。

　　杨先生的父亲早年从广东潮州"过唐山"，他本人是出生于柬埔寨的第一代华人，一到成年就继承家业，30 岁上，已富甲金边：有私人飞机，有几家戏院，研制了被西哈努克国王御口亲赞的柬埔寨国酒，同时出任金边中华医院的董事长。

富豪梦在金边市基里隆剧院热映香港武星李小龙电影的时候被惊醒。1975 年 4 月 17 日，红色高棉军队进入金边，接下来整个金边城发生了现代史上速度惊人的人口大迁移。就在此前一天，杨先生乘飞机去了香港。等他再返回金边时，是四分之一世纪之后。早先作为华人社会互助机构的中华医院早已消失，在中华医院的旧址——金边莫尼旺大街与西哈努克大道交汇的东南角，一幢由韩国人投资的 42 层高楼长年处在修建之中，它的开工与停建总能登上当地华文报纸的头版。

在柬埔寨生活着多少华人？这是一个很难说清楚的数字。据曾先生说，以前的金边只有华人，他说的是作为市集的金边。在西哈努克国王治下，很多职业华人都被禁足，唯商业对华人开放。在南洋，似乎华人天生就是经商的族群。金边几乎每一家店铺都立有汉字招牌，但政府机关的门牌，是用柬文和英文书写。在外省，比如贡布，政府机构的门牌还有法文，因为法国人真正统治过这片土地。

华人喜欢带着自己的文字漂洋过海。梁朝伟在《2046》中的身份之一是报馆职员。金边现在有五家华文报纸，两三份华文杂志，因此像梁朝伟一样在报馆谋职也是华人现今在柬埔寨的一种可循的生活模式。近百年里，移居此地的华人或教书，或做报人，或经商，一两代之后，其中由富变贵者，便常常成为王宫和首相府的座上宾。当地报馆朋友时而会在现场向我透露：你看，那位部长（大臣）其实姓黄，但是他已经不

1 白马市城标（白马是华人喜爱安居的地方）

2 干拉省一所华人学校

会说华语 了。

有人估计，在柬埔寨的华人有六七十万人，也有人说是一百几十万。私底下，老大使反诘：怎么才能真正统计出来呢？

背井离乡，《真腊风土记》中用"流寓"定义这一状态，用"逃逸"描述这一行动。背井离乡者各有缘由，这缘由中当然也有不少属于隐情和当初的无奈。

还有，为"柬埔寨华人"下定义也不是一件容易做到的事情。具有什么样的特征算是"Cambodian-Chinese"？这个词到底指在柬埔寨的中国人，还是柬埔寨华人？是第一代移民，还是移民的后代？是会说中文的华人，还是会说柬语的华人？是暂时居住的，还是"漂着再说"的？

从金边向北，顺湄公河北上，经磅湛、桔井至上丁，越行越走进柬埔寨深处，湄公河边上的这三座小小的省城，都有华人的味道。在接近老挝的上丁，湄公河左岸有一座遗城，应该算是海上丝路的通道吧？一尊华人样貌的塑像与真腊风格的残庙寂寞相伴。

自上丁继续东行，至柬埔寨最东北部的腊塔纳基里省（"腊塔纳"意为"宝石"）；再翻过几道红土山梁，来到渡口，传说中的华人村就在云西河对岸。乘船渡水，沿河岸步行大约一公里，就到了谷歌地图上标记的"Chinese Village"。近 100 年前，一支张姓家族从广东步行到这里，修了华人的屋、华人的祖祠，用自己的语文教育儿孙。

2014 年 4 月，当我到达那里时，正是柬埔寨的新年假期，华校按王令给学生放假。但这里没有节日气氛，空空的学堂使这个华人村显得更加寂静。云西村老村长的家宅是一所唐人大屋，与柬民及老挝族邻居不同的是，第一层不住牲畜，而是商铺。按老村长说，华人村不过柬埔寨的新年。到八月中秋，到正月新春，才是他们的节日，才是属于他们的欢乐。

陶潜的《桃花源记》记录的就是这一类人。在柬埔寨，腊塔纳基里的云西村，湄公河畔的磅湛、桔井、上丁，西北部的马德望、诗梳风，靠近大海的白马、贡布——这些地方，用汉语说出来，都有诗情画意一般的命名，它们就是华人向往的桃花源。

金边街头的餐馆大多写有中文，这家餐馆索性就叫"餐馆"

敏母每逢清明必返回乡下扫墓；她说自
己祖上有人是从中国来到柬埔寨的

清明节

清明节前一天开车不小心进入金边著名的乌亚西市场，被路两旁排列得长长的烤乳猪售贩摊震住：什么来路啊，怎么一下子全卖起了烤猪？平日不怎么见人吃啊！

次日晚上敏母扫墓回来，谜底终于揭开——敏母从家里带回丰盛的食物：蘑菇鱼粥、棕糖米糕、青柠檬，还有一大碗烤乳猪肉！原来，烤猪是专为清明节而备的祭祖食品。

敏母用有限的汉语告诉我，拜祭亡故的父母用了整整两只烤猪，家里人太多了！

敏母终年过着各种各样的节日，除柬埔寨自己的新年和亡灵节外，

柬埔寨华人清明为祖先扫墓（此图由耀辉提供）

必过的节日有中国春节、清明节、中秋节，主要活动是买香烛，回家拜佛寺祭父母，和兄弟姐妹甥侄团聚。

她是柬埔寨人，仅仅会说一点儿不连贯的汉语，但是似乎把每一个中国节日都过得有滋有味。

按照敏母的说法，她的家族也是华人，能够证明这一点的当然不是她黝黑的皮肤和极富高棉特征的五官，而是她一家子逢中国节日必过。

清明节这一天吃到烤猪肉的大有人在。耀辉在微信朋友圈里发了拜祭先祖的照片，圆塚正面环状墓碑前供奉着祭品——酒、鲜果和一大只烤猪。墓碑两边刻着："孝教追先祖""祯祥荫子孙"。看得出祭祖之日就是家庭的聚会日。"阿公的子孙太多，烤乳猪不够吃，得烤只大猪。拜后就在墓前聚餐，烤猪＋面包，家族大聚餐！"耀辉回复我，"柬埔寨华人就这样过清明！"

耀辉是有明确身份认同感的柬埔寨华人，在华人报馆供职的同时，也为柬华理事总会服务。1990年代初柬埔寨战乱尚未结束，柬埔寨华人在早先五大华人会馆的基础上成立了柬华理事总会，在柬埔寨各省皆设有基层组织。春节舞狮、清明祭扫、济困助学，乃至涉及与祖籍国的各类交流活动，都离不开总会和各地柬华理事会的主导或襄助。

有一次，与一位柬埔寨政要"闲话"，谈到柬埔寨人中有多少人有华族血统的话题，政要说："这个不好说，很多人不会说华语，但家里过着华人的节日，春节不用说，清明都去祭祖先，就是华人的习俗。反正多一个节日也挺好。"

所谓"多一个节日"是指多一个祭祖节。高棉人祭奠亡人的传统节日是亡灵节，在公历10月中旬。

可见柬埔寨是一个文化吸纳性很强的国家，或者反过来说，中华文明在柬埔寨本土是融入性很强的文明。

上溯七八百年，柬埔寨都是华人的梦中乐土。周达观到柬埔寨时，高棉人的文明中心还在暹粒吴哥城，但据周达观记述，彼时他的一位老乡已在柬生活了 35 年。《真腊风土记》中"流寓"一章说："唐人之为水手者，利其国中不著衣裳，且米粮易求，妇女易得，屋室易办，器用易足，买卖易为，往往皆逃逸于彼。"按今天的话说，就是衣食住用不愁，还能成家立业发财。

周达观不是被大风吹到柬埔寨的流民行商，而是受元朝政府派遣作为观察员去的。当时柬埔寨已是"唐人"的聚居地之一。

20 世纪 30 年代中国遭遇战争，闽粤两地人士纷纷"过唐山"，到柬埔寨讨生活。现在的柬华理事会理事多是那一代人的子辈，为第二代或第三代柬生华人。

柬埔寨各地都有华人的墓园，或称"义地"，圆圆的丘塚前墓碑十分醒目。除了有后人祭扫的私人墓地，一些会馆还建有公墓，埋葬没有家人祭拜的"先侨"。每逢清明，会馆或柬华理事会的"老大"都会亲自前往行公祭礼仪。

柬华理事总会会长杨启秋先生，人们私底下呼"杨老大"。既身为"老大"，总有老大必做的事情：担当柬地华人社会的领导者、仲裁者和资助者。

我曾问过耀辉，"为什么柬埔寨华人生活境遇要好一些？"答："因为华人社会有互相扶助的传统吧。"

清明节前一天金边乌亚西市场售卖祭祀必备的烤乳猪

　　最后上网查了一下，发现金边乌亚西市场的烤猪还可以追溯到更远：清明烤猪祭祖是中国广东的习俗，拜祭之后全家分而食之，是追思先祖，也是享受先人的福荫。

在金边游荡的儿童

金边街童

　　柬埔寨的街童是政府除不掉的顽癣，晾晒在皇皇盛世的都城金边，以及游人不绝的暹粒。

　　他们用英语向外国人喊着"candy！ candy！"看见华人游客，也会用中文说"糖果！糖果！"

　　有人告诉我，原来小孩子们是喊"money"的，但因为这是明显的乞讨行为，经人指点，就喊"candy"了。小孩要糖吃，天经地义。有一次在女王宫，一个少年一定要我买下盗版的英文版吴哥指南，他说是要用卖来的钱上学。这个理由也很强大。

　　另一次开车在大吴哥城里转，午日当头，古城安静，正停车要拍摄城门上的四面佛，一个小孩子就贴着车身过来了，兜售一套皱巴巴的吴

哥明信片，开口要一张一美元。"十张一美元卖不卖？""卖。""有6岁吗？""11岁了。""为什么不上学？""早上去上学，现在放学了。""天天卖明信片吗？""卖出4 000瑞尔（1美元4 000瑞尔），自己得1 000，另外3 000要给妈妈，然后吃午饭。"

　　金边的繁华路口，时常漂着一小群一小群的街童。他们向汽车里的人兜售柬埔寨特产——用一粒粒茉莉花串成的花环；或者兜售服务——拿着大尘刷为汽车扫尘。这些街上漂泊的大眼睛暗褐皮肤的小孩，有高有矮，有男有女，但一律很瘦，自谋生路，没有人喊他们回家吃饭。

乡村男孩

他们也个个伶牙俐齿，你若告诉他们"No money!"他们就回以"No money, no honey"或者"No money, no kiddy"。挺恶毒的，不知经什么高人指点。

据估计，柬埔寨有非政府组织三四千家（2012年前后），收养孤儿的非政府组织也有。金边王宫一带还有一家餐厅是非政府组织开的，有点儿名气，为孤儿募钱。

但是孩子们还是在街上漂着。

寺庙是柬埔寨儿童的乐园
1 摄于暹粒省，2 摄于金边，3 摄于波罗勉省

下面要讲的故事是经别人转述的，有点传奇，但印证了一句老话，叫"英雄不问出处"，更是一个提醒——千万不要看轻漂泊的街童。

故事是金庸风格：1985 年，也可能是 1986 年，一个五岁柬埔寨男孩离开家来到金边。五岁孩子只身离家，连个拐骗的人都没有，从哪里讨活路？估计也是卖花环吧。反正到六七岁时，他住进了王宫，不是当王子，是给王宫看门人打杂。

1985 年到 1992 年之间，王宫空着。国王西哈努克住在中国；红色高棉丧失政权后，退到山里打游击，被驱逐出城市的柬埔寨居民慢慢又填满了金边；越南兵还驻扎在金边，全世界都在为解决柬埔寨问题奔忙。接着，说英语的美国人、澳大利亚人等很多国家的人来了，联合国组成了临时政权，金边街市上美元风行。

这当口，一个柬埔寨小男孩，和说英语的联合国官兵做着小生意，如卖花、跑腿儿，等等。大约到 1995 年，柬埔寨兵营里出现了一位英语教官，这位只有十四五岁的教官，正是当年与联合国大兵厮混的街童。

我在柬埔寨王家研究院孔子学院见到他时，他戴着眼镜，彬彬有礼。他的长相不似高棉人，肤色很白，说一口流利的中国话。

我以为这是祖国同胞了。正要寒暄，一位肤色黝黑的人向我们走过来，自我介绍说是从中国来的孔子学院中方院长，"这一位"，他指向说中国话的白面绅士继续介绍，"柬方院长——谢莫尼勒。"

马德望是柬埔寨第二大城市，法式钟楼后面是城市的中心——集市

筑堤抵挡太平洋

　　"抵挡太平洋的堤坝"是法国作家玛格丽特·杜拉斯早期的成名小说的书名。这个书名乍看起来充满隐喻，像"西西弗的石头"，是指人类面对自然的徒劳抗争。

　　但是，没有隐喻。杜拉斯的母亲，作为远赴海外殖民省的法国白人，在 20 世纪初的柬埔寨土地上曾经努力地建造这样一座堤坝，用来抵挡太平洋的海水冲垮她的土地。

　　没有丝毫悬念，她失败了。堤坝当然建不起来，倾尽积蓄购买的土地没有收获。在小说里，这位母亲眼看着大儿子与有钱女私奔、女儿以鲜嫩的肉体与富裕的华商子弟交易，自己最后在绝望中病死。没办法，杜拉斯对这段殖民地生活经历的回忆就是这么残酷，而且炫耀。

这个故事这么遥远，我没有通道讲给来柬埔寨的中国客人听。他们带着对土地的渴望来到这里，幻想在这里建立橡胶园——全球离不开移动轮胎，而自己却能掌控橡胶汁液开关；幻想在这里开伐珍贵木材——红木家具何等富且贵，而自己可以有一座红木宝库；幻想在这里开发人间天堂——全世界的人都为碧海沙滩和豪华酒店所痴迷，而自己恰恰拥有一片乐土；还幻想在这全年温暖、无分春夏秋冬的气候里不停耕种，因为世界的粮食危机就在眼前……

淘金梦不分时代。一个世纪前，法国人也是这么想的。

杜拉斯两部关于殖民地经历的小说《抵挡太平洋的堤坝》（1950 年出版）和《情人》（1984 年出版）都大获成功，并被搬上银幕。这两部电影的场景都在柬埔寨乡村和越南西贡之间转换，在法国白人与富裕华商之间跳跃。两部作品问世相隔 34 年，痛苦并耻辱的记忆仍没有随时间淡去：被怀抱发财梦的父母带离母国，身不由己在异域长大，隔绝且愤怒，高傲且失怙，贫穷且无望。

1863 年，柬埔寨国王为了摆脱强邻安南和暹罗的轮番控制，寻求法国的保护。法国在中南半岛以越南西贡为统辖中心，所有的教育、文化、资源都集中在西贡。白人要让子女受到良好教育，只能去西贡。这就是杜拉斯笔下的"我"出现在西贡码头，与华人富商邂逅的叙事框架。母亲被土地骗局捆绑在柬埔寨乡村，家安在临太平洋的盐碱地旁，一个白人少女孤独地在湄公河岸等候渡船去上学。这时，一个高富帅出现在少女的视野。

1 贡布省的行政机构建筑——贡布省文化局，法国殖民地时期的遗产，现依然在使用中，标牌
由柬文和法文书写　　2 金边邮局大楼是法国人留下的建筑，至今仍在使用

杜拉斯带出的故事似乎不怎么为法国殖民史添彩，甚至有点儿添堵。法国白人少女白且美，但是穷。一心想逃离异邦土地的诅咒，可全家也拿不出逃回祖国的路资。最后是华人高富帅出资相助，但到了这一步，男欢女爱就变了味。不过杜拉斯到了晚年，不吝倾诉对中国情人的爱恋和思念——但是在电影里，中国情人只是一个符号。

2012 年，我到柬埔寨时，带着法文课本准备补习当地过去的国语，结果发现会说法语的柬埔寨人真的不多。首都金边的政府机构招牌文字只有柬文和英文。官方文件也多是柬文和英文两种版本。但是在外省，法风犹存。地处西南部的滨海省贡布依然是一座完整的法国城市：市政府、医院、邮局、教育厅、文化厅、监狱、水文气象厅全部是法国人留下来的两层奶油底色建筑，机构招牌依然是法文书写。

从金边到外省，几乎每隔 90 公里就会出现一座桥梁，接下来就是城市。耀辉说，这是法国人的设计。

在柬埔寨游历日久会发觉，柬埔寨人建造了自己的神界——吴哥神殿和城乡寺庙，而他们的"人间"几乎都是华人和法国人建造的，所谓"人间"是指城市设施、道路、桥梁。

法属印度支那联邦总督保罗·杜梅似乎是位良政的实践者。在他任期内，柬埔寨的傀儡王室得到尊重，柬埔寨得到发展。他"推行公共事业，开辟道路，修浚河道；注重乡村建设，提倡公共卫生，以及农业之改进"。此外，他大力推动对柬埔寨文化遗产的研究和保护。1898 年，他下令创立"法国印度支那古迹调查会"，由法国金石铭文与文艺学院负责学术

监督,这是法国远东学院的前身。1902 年法国远东学院设址于越南河内。同一年,杜梅离任回到法国。《法国远东学院学刊》与法国远东学院意义非凡,泽被柬埔寨与世界文化。没有它对吴哥古迹碑铭的研究和文化开发,吴哥就是一堆不会说话的石头,不能像今天这样为柬埔寨人民换来丰厚的旅游收入。当然,这是另一个更为深远的话题。

法国人在柬埔寨创造了历史与现实两种分离的梦想。少女杜拉斯没有从中获得即时营养,梦境只让她更加贫穷与羞愧,这笔营养要到成年之后才反哺于她,使她成为世界名流,并一直到老年仍然收获年轻的爱情。

今天在柬埔寨建造堤坝以抵挡太平洋仍然是徒劳的。土地仍然作为诱饵抛给外国人,但那些土地最终只属于柬埔寨。杜拉斯因为绝望,在小说里这样诋毁那片生长芒果的土地:

> "孩子们就像山冈上的野芒果,像河口的小猴一样回到土里。孩子们大多死于霍乱,这是由青芒果传染的,可是,平原上好像无人知晓。每年到了生芒果的季节,孩子们就爬在芒果树枝上,或站在树下饥肠辘辘地期盼着,接下来的日子里,孩子们便大量地死去。其他的孩子在第二年又接替了这些孩子的位置,也爬上这些芒果树。他们也死了,因为饥饿的孩子面对青芒果永远是迫不及待的。"

对于殖民时期的柬埔寨人来说,这就是生命的循环往复。而在一个当代背包客眼里,在生长芒果的土地上看着孩子的笑容,真是美好快乐。

腊塔纳基里

　　湄公河流域的人民进入新年季，我从金边远走东北部的腊塔纳基里乡村。柬埔寨新年、泰国和老挝的宋干节、中国云南傣族的泼水节，都是指向同一个日子：公历 4 月中旬的那三天。但是我们要去的那个传说之地，是不过柬埔寨新年的，他们也不过其他任何邻国的宋干节。因为他们是从广东家乡用脚走到这里的潮汕人。

　　云西更像是一个传说。偏远，闭塞。这次同行者还有孔子学院的森先生和柬华理事会的毛毛。

　　我们先从金边沿湄公河上溯到与老挝南部占巴塞省毗邻的上丁省，在上丁宿夜。湄公河从上游的崇山峻岭跌落，在此汇聚另外两条支流——北支流洞里空和南支流洞里桑。洞里空偏东向北，上游仍出自老挝境内；

$\dfrac{1}{2}$　1　上丁：由中国修建通往老挝境的大桥
　　　2　通往云西的路：腊塔纳基里境内村庄

洞里桑自东北方向越南境蜿蜒而来，在上丁东南部与南面流经有"狂野东部"之称的蒙多基里省的洞里斯里波克（srepok）相汇，而后在上丁城不远处与洞里空相汇，一起注入湄公河。从地图上看，我们要去的云西就在洞里桑河畔。

旱季刚过，从上丁到腊塔纳基里中心城市邦隆的路上，时云时雨。修葺一新的 19 号公路两旁，轮作休耕的红壤和成片的橡胶林相间醒目。橡胶林是法国殖民者的遗赠。直到 20 世纪 70 年代红色高棉执掌金边之前，金边的皇家酒店里还住着许多法籍橡胶种植园主。40 年后，一度中断的鼓点里这朵花似乎传到了一些中国人手上。在开往腊塔纳基里的 19 号公路上，我接到一个来自中国南方省份的陌生电话，说想投资柬埔寨橡胶种植，不日即到金边，希望从我这里了解一些情况。他是朋友的熟人或是熟人的朋友。

摄影师利宏是土生土长的高棉人，因为跟我们这些外国人一起工作，也算跑遍柬埔寨。腊省是距首都金边最远的省份了，但他说，"我来过"。

"为什么事来这么远？"

"政府新闻部组织过一次土地纠纷的采访活动。"

柬埔寨的土地时而爆出不大不小的丑闻。"孤独星球"系列丛书《柬埔寨》在介绍腊省时也写上了一笔："腊塔纳基里省是土地争夺战的前线，实行刀耕火种的少数民族因集体所有制的传统而不断失去土地。森林正在以令人担忧的速度不断消失，取而代之的是橡胶种植园和腰果农

场。"（摘自中文版第 263 页）

利宏开着车，经过一片树林，告诉我远处那些森林警察正在处罚被抓的盗伐者，"因为中国人需要红木"。

面对这种"栽赃"，我无以反驳。不久前，我与另一位前来"咨询"的中国投资者有过交谈。我提醒他柬埔寨的所谓"特许地"陷阱多多，与你做交易的也许不是真正的地主或代理人，给你做担保的军警力量也许正在觊觎你的钱袋。但来者似有所备，他也不打算真正投资收益期颇长的橡胶林，而是以开林为名获得地上的出产。

山区是危险之地，经常有消息传到金边：西北边境泰国林警又发现盗林的柬人，抓了几个，枪杀了几个，等等；或者保护环境的非政府组织人员被森林警察枪杀。因为这些危险，有一次我与一个高棉助手和司机去山里水电站采访突发安全事故，我们在金边的当地记者索万每过两三小时便与我电话连线，确认我彼时处境足够安全。

腊塔纳基里在柬语中是"宝石山"的意思，原来出产红宝石，据说已被殖民者开采完了，现在徒享旧名。但是偏远的腊省殖民遗风依旧撩人，我们在其中心邦隆市入住的旅馆 Terres Rouge Lodge，原是法国总督的宅院，坐落在 Boeng Kansaign 湖边。回廊和居室装饰风格混杂：有中国式的、高棉式的，还有越南式的。当然这种混搭中更重要的元素是法国式的，因为这座宅院骨子里是法式审美的产物——是法国人眼中的异域情调。我们去时，店主是一位法国人，坐在院子里的一张写字桌前，对住店的客官一副爱理不理的模样。这里曾是法国人的天堂，他们给邦

$\frac{1}{2}$ 1 通往云西的路（渡口）

2 华人村长家大屋傍晚外景

隆附近的一汪水潭起名叫作"天堂的眼泪"。

从邦隆向北约 50 公里，没有像样的道路。汽车在飞扬的红土里上下颠簸行进，三个多小时后，面前豁然出现一条大河。洞里桑泛着热带午后的天光，倒映的蓝天白云延绵向西；人站在渡口处，清晰可见彼岸成行的树木和林荫中的小路。此刻，尘土飞扬、惊险不断的三小时车程似乎只是刚刚打过的一个小盹儿，时间在此重新启动。

河对岸是桃花源一般的所在。近百年前，来自北方的中国广东村民为躲避战争威胁，离开家乡惠阳，用脚走到腊塔纳基里。彼时，这里还是法属印支殖民省，柬埔寨、越南、老挝统一于法国殖民当局管辖之下。塔省各族人口杂居，山阻水隔，开发有限，是理想的避世之地。直到今天它仍是一副遗世独立的姿态：我们乘渡船往访，天光向晚时，渡船停摆，退休交班的老村长差儿子与族人划独木舟送我们返回河南岸。

值得一记的是华人村村长家的住宅。按《柬埔寨》（孤独星球系列丛书之一）一书作者所记，在边民杂处的云西，华人的一所宽大房屋尤显整洁，令游人眼前一亮。我们所拜访的华人村张姓老村长就是大屋的主人。大屋有两层，门前开阔，下层是店铺，上层家居。这种房屋颇似广东骑楼。张家祖上是广东惠阳人，而骑楼正是 20 世纪初惠阳所流行的中西风格混搭的建筑样式。当年在开埠风气下，这种房屋构成了商业街的繁荣。在新加坡，有一个称呼直截了当——"店屋"；东南亚一带发行的英文媒体行文中，"shophouse"似乎专门用来指华人的住宅。大概在他们看来，做买卖生意才是华人在海外生存的根本。

张家房屋下层是杂货店，从食品、饮料到家用器物一应俱全。与金边的杂货铺很像，区别就是货物种类更多，但不够新俏；金边这样的杂物店大都在商业街连成片，而张家店铺在云西是孤独的，在王国节日期间似乎也很冷清。

华人村在此地基本处于自治状态，柬埔寨当局对居民事务并不过多干涉。张老先生把村长之位传给了儿子，在有 50 多户的华人社区，这种传承也没有不妥当之处。村长的职务就是要担当村里的各种事务，包括艰难维持紧挨着大屋的华人学校。数十年来，村长夫人都是华人学校的老师，直到教不动才退下来。学校坚持的成果明显可见：离根近百年的小小华人族群在异邦仍然说着自己的语言——不是方言，而是中国官方语言。这一点让云西华人村颇得名声，至少认真阅读《柬埔寨》一书的人会知道。

从洞里桑机船渡口南岸渡到北岸，向西行约一公里，会看到一所华人祠堂，由小小的院落围住，平日里上锁，从栅栏间可见用汉字书写的牌匾和楹联。再向西行一公里就是村长的大屋和华人学校。除了华人之外，这里的居民就是老村长所说的少数民族邻居了：老挝族、科伦族（Kreung），来自越南的嘉莱族（Jarai）和通普昂人（Tompuon）。少村长找了一辆拉货车，让我们一路看遍云西。在我眼中，掠过面前的村庄房屋无一不是通透的茅顶吊脚楼，下面总是留给家畜——与其他柬埔寨村庄似乎并没有什么区别。我知道自己跳不出普通人的局限，对于自身文化基因之外的事物，多半是个自大的盲人。但是张姓族人已经习惯视自己为少数民族了。对，老村长在我们的对话中确实使用了这个自称——"我们少数民族"。

　　法国结束对柬、越、老殖民统治的时间是 1953 年，然后开启了西哈努克家族的柬埔寨王国时期。王国统治在 1970 年到 1993 年期间中断，在这前后约 30 年的时间里，柬埔寨遭遇了极大的战争破坏。腊塔纳基里曾经是红色高棉活动的区域，华人和其他少数民族都是红色政权要改造的人口。张氏族人寻找的桃花源不幸被播入梦魇记忆。我在柬客居近三年的时间里，往往黑衣出行，无人告诉我色彩背后隐藏的秘密。然而与张老先生初见之下，他忍不住捅破真相：黑色是柬埔寨人最忌恨的颜色，因为它曾作为红色高棉军队的服色，象征柬埔寨的"黑衣时代"。

　　少村长和云西华人理事会干事在暮色中把一根做成船形的长木头拖下河。月亮升起，又落到河面。独木舟向河南岸划行。

　　我感到自己终于从天外漂了回来。

云西村的独木舟

S—21监狱一角

暮色拜林

拜林以出产红宝石著称，但这红宝石也与红色高棉的往事密切相关。当年红色高棉失去对金边的掌控之后，退守到西北山区，往泰国走私红宝石是其重要的财政来源。在从金边动身去拜林的路上，W先生说如果我运气好的话会得到一颗红宝石，结果我得到了两颗榴莲。

1999年波尔布特病死于柬泰边境密林的消息传出，红色高棉彻底退出历史舞台。红色高棉战士就地解甲归田，愿意留在拜林的都得到了土地和安置费用。我到达拜林落脚的第一站是一座榴莲园，园主曾经是一个红色高棉战士，黑黑瘦瘦的，20多年前还是一个孩子。问他当兵时都干些什么，他说做些统计、会计之类的工作。

我去拜林特意去看了红色高棉前领导人之一乔森潘的房子，一条村路旁的两层木板房，寂寞而陈旧。带我去的是 20 多年前红色高棉的战地记者勒恩，他说现在这里由乔森潘的女儿居住。院子里有几只白色小鸡在啄食。勒恩喊了几声，没有人回应。勒恩说，可能到田里干活去了。

说起来，勒恩和我算是同行。民柬政权时期，他带领一个十多人的小团队拍摄战争纪录片。我问为谁拍，在哪播放。他说政府需要，联合国也需要。确实，直到 1989 年，民主柬埔寨政权还在国际上代表柬埔寨。20 世纪 90 年代初，柬埔寨可是国际社会的热点，西哈努克、洪森的金边政权、宋双、红色高棉这四支力量的纠缠占据着每天的国际新闻版面。我在北京每天编辑这些新闻，但对拜林这个红色高棉根据地实在无从想象。

柬埔寨新王国建立后，拜林实际上依然是特殊区域。在地理上它邻近马德望省，仅有两万多人口，本隶属于马德望，但后来划为直辖市。人们断言，那里至今还是红色高棉的地盘，因为曾经地雷遍布，常人不敢涉足。近些年在国际扫雷行动的努力下，柬埔寨的土地已安全许多。

红色高棉几个重要的领导人英萨利、乔森潘和农谢在拜林的家与周围村舍无异，波尔布特的遗孀与女儿也生活在拜林。我 2014 年底离开柬埔寨，同年年初，金边的媒体报道了波女在拜林结婚的消息。W 告诉我说，他作为宾客参加了当时的婚礼，并且表示作为她们的朋友，他可以带我去见见波夫人与她的女儿。可在计划期内波女在法国未归，结果自然是没见到。

但 W 不算食言，在他的引领下，我见到了居住在拜林的波尔布特的亲侄森利滕。森利滕身材高大，面部俊朗，不似常见到的柬民，年轻时作为波尔布特的保镖定是个标致人物。他自称是"领导人的安保人员"。我们坐在拜林落日的余晖里追述往事。确切地说，是在问答往来中复原往事。因为那段历史，没有人愿意主动想起。

勒恩特意带来了几张 1987 年摄于北京的照片。照片中森利滕和勒恩都年轻而意气风发。勒恩怀念起他的中国老师郭女士。他还保存着她的名片，也一并带来了。我原以为她是一位新闻前辈，看过名片才知道她是一名通信工程师。

森利滕和勒恩是多年的朋友，现在他们和许多当年的战友都在拜林居住。森利滕说，拜林虽然闭塞，但是他仍然喜欢居住在这里。当年的战友，除了仍留在军中任职的一些人，大多数都留在拜林。有同样出身的人聚居在一起，不需要被迫对过往作出复杂的解释。

他们另一位当年的战友恩速坤在当地还身居要职，现在是拜林省计划局局长。在拜林停留的第二天早上，我在同一张餐桌上见到了他。他告诉我在泰国边境还有一处柬红色高棉领导人的办公地点，以前由联合国人员看管。我提出去看看，他开车与我们同去。到了那里，只见到一处更为破败的吊脚楼，一个农人在底层发呆，一个孩子坐在木楼梯上发呆。我想向纵深处走走，局长提醒我没准儿还有未爆的地雷。局长说，这里曾是农谢、乔森潘等人的开会地点，"他们生活跟我们一样，没有特殊的物质要求"。

两个星期后，我在金边的红色高棉特别国际法庭上见到了乔森潘和

$$\frac{1}{\frac{2}{3}}$$

1 在拜林一家餐馆

2 农谢（戴墨镜者）在审红法庭听证会上

3 乔森潘在审红法庭听证会上（照片摄自法庭外直播大屏）

农谢。他们一个 83 岁，一个 88 岁，作为被告出现在柬埔寨特别国际法庭上。由于报名日期迟了一些，我特别请求柬政府新闻部相关人员给予帮助，并与为特别法庭工作的律师提前沟通，才得以进入仅有 500 个观众席的法庭现场听审。

2006 年，在联合国的支持下，柬埔寨特别国际法庭成立，它唯一的任务就是对民主柬埔寨政权即"红色高棉"在 1975 年至 1979 年统治时期的所作所为进行审判。2012 年 2 月，特别法庭终审判决 001 号案被告 S-21 监狱长康克由终身监禁。起诉农谢、乔森潘、英萨利及英萨利之妻英蒂丽案作为法庭的 002 号案件于 2011 年 11 月开始审理，到 2014 年 8 月 7 日终于等来宣判之日。其间，英蒂丽因丧失神智免于审判，曾任民主柬埔寨总理和外交部部长的英萨利病逝。88 岁的农谢和 83 岁乔森潘成为最后的被告。

38 年前，也就是 1976 年，他们才四五十岁，正值人生壮年，农谢是民主柬埔寨国家主席，乔森潘是柬共总书记。以红色高棉组织为核心的民主柬埔寨政权 1975 年 4 月 17 日进入金边，1979 年 1 月 7 日从金边撤向柬埔寨西北地区。一直到 1998 年，民主柬埔寨政权军队才在西北的拜林山区放下武装抵抗，向成立五年的新柬埔寨王国投降。他们从高位跌落下来，但还活着；而他们的头号人物波尔布特，于 1999 年在荒野中孤独地离世。

特别法庭提供的资料称，20 世纪 50 年代，乔森潘在法国学习，并出版了他的博士论文《柬埔寨的经济和工业发展》。他为了祖国的宏大理想而回到柬埔寨。回国后，在 1962 年西哈努克任命他为商业部副部长之前，他是一名教授。

乔森潘 1967 年曾隐身一段时间，20 世纪 70 年代初再出山时已是红色高棉的人。1987 年波尔布特退隐后他成为红高的正式头目；1989 年他代表民主柬埔寨参加解决柬埔寨问题的巴黎会谈。1998 年，他带领红高部队向柬埔寨政府军投降，然后回到拜林居住。

红色高棉执掌金边三年多，人民无以果腹，社会财富完全没有积淀，最后退缩到西北山区。传说中的红宝石和森林资源恐怕只够部队的日常供给。

坐在拜林的暮光里，我特意问森利滕："作为贴身侍卫，你怎么看关于红高统治时期杀害 170 万人的事情，有传达过或听到过类似的命令吗？"

他摇摇头："在领导人身边工作，对外面老百姓的生活没有办法了解。但是我没有听到过领导人发布杀害人民的命令，对于领导人发布修建堤坝、开发农田、改善人民生活这样的政策是知道的。"

最高领导人无须下达这样具体的命令，他只需阐述理想社会要哪一类人就够了。红色高棉的经济学家说，社会只需要有用的人。

特别法庭最先审理的是 S-21 监狱长康克由的案子。初看起来，屠杀无疑是首恶，但其实也是在技术上相对容易操作的案件。2009 年，特别法庭宣布判处 001 号案被告 S-21 监狱长康克由 35 年监禁，康克由上

1　用柬文与英文书写的博物馆名称"堆斯陵大屠杀博物馆"

2　S−21监狱原本是金边市区的一所学校

诉，结果 2012 年 2 月终审判决下来，康克由改判终身监禁。35 年和终身监禁的结果都是老死狱中，但差别在于，对于这样的罪行，个人究竟要承担多大的责任？在国家机器的运转中，在历史车轮的碾压下，个体如何拒绝或挣脱？汉娜·阿伦特主张对"平庸之恶"说"不"。但是，在宏大社会实验构想的激励下，有多少人能以慧眼或本性识出"平庸之恶"？

森利滕说："生活在那个时代，肯定得相信那个时代的政治制度。"

从金边到拜林的交通如今已算便利。早上从金边出发，沿 5 号公路驱车经磅清扬省、菩萨省行 290 公里抵达马德旺，然后再从马德望沿 57 号公路行 80 公里到达拜林。原来地雷密布的土地现在变成了大片的木薯田和榴莲园，多数是前红高战士的产业。作为集体，红色高棉在当今柬埔寨民众眼里无疑是恶魔的代称；作为个体，他们原本就是农民之子，现在重归土地。

拜林市确实就像个集镇，人烟稀少。森利滕与我们在街角的一家饭铺里吃晚餐。室内光线昏暗，大家走到户外合影。太阳已经落下，余晖映射着城门处似已关闭的长长廊道。镜头中，波尔布特的侄子面容柔和，略显悲戚；在我们身后，呈现出一座暮光之城。

坐在嘟嘟车上向金边告别

我在金边的最后一天不是 24 小时，是 46 小时，其实比 46 小时还长，是 68 或 70 个小时。最后的三天里，我几乎不能用睡眠来分割昼夜，实在没有时间睡，实在也不舍得睡。我发现，在金边近三年的时间里，我还有那么多要做的事情没有做，有那么多重要的地方还没有去。

一

首先是近在 1 000 米之内的国家博物馆，就在王宫北侧，每次路过这座由博物馆第一位馆长法国人 George Groslier 设计的高棉风格建筑，都以为可以随时抬脚迈进，这座有 100 年历史（建于 1917 年）的博物馆里收藏着柬埔寨最精美的石刻原件，而大老远跑到吴哥古迹处看到的可能是复制品。但是因为亲近它太容易，我属于柬埔寨的 969 天竟无一天时间分配给它，现在眼看着就要与它失之交臂了！

　　还有从 294 号街 19 号越过去两条街巷就到的 S-21 监狱，正式名称是"监狱博物馆"。我在黑夜里驱车从它的围墙外路过，在新闻背景里写过，和人谈论过，但是我决意把它留给我在金边的最后一天——因为不想让自己在这座金光灿烂的城市里感受太多的血腥和冤气，不想让自己独居异邦的岁月染上过去的悲伤和忧郁。我认为已经洞悉了有关它的全部秘密，不再需要身临其境。现在，在离开金边之前，我还是该以游客身份补上这一课。

　　还有乌亚西市场，它位于金边的心脏，外观看起来庞杂无比、忙乱不堪，内部却处处可见历代华人华商的勤快精明。它是柬埔寨几代华人的发祥地，是当年新金边复兴的活水。金边市民曾先生告诉我，金边这座城市，城是高棉人的城，市是华人的市；它还深深地感动过客居于此的中国 80 后刘律师，他说在这里能看到他儿时在成都生活的影子。我曾想过用几个星期的时间以影像记录下它的晨与昏，人与物，情与景。但是，这个真是来不及了。

　　还有以前耀辉带我去的金边最著名的粿条店，开在乌亚西市场旁的小巷里，门楣招牌上只写着潮州店主的名字，是高棉文字。小店三十年如一日，买卖兴隆，米线、汤头、牛丸、牛杂都好吃到爆，但每天 200碗卖完后店家肯定收工。生意因克制而绵长。我知道离开金边后我再也吃不到这样的粿条了。

　　还有杨豪先生的小药铺。杨先生早年随父母到柬埔寨定居，现在这位年逾 70 的药铺主人曾是热血青年，曾是华人报馆的主编。我有幸获

1 乌亚西市场卖甘蔗的高棉男子

2 金边的早餐：一碗粿条

赠一本他自印的个人回忆录，从中探知非西方视角主导的关于柬埔寨的民间记忆。临行前我希望把这位历尽沧桑的老华人更生动地记住。

还有莫尼旺大道近北端的莱福士酒店。20 世纪 70 年代人们叫它"金边皇家大酒店"。美联社记者西德尼·桑伯格、法新社记者钟斯万等西方记者住在这里，报道美国插手东南亚事务而挑起的柬越战争，报道柬埔寨残酷的政权更替……他们目睹并亲历了一夜空城的金边。电影《战火屠城》中很多事情都发生在这家酒店以及相隔不远的法国大使馆。1993 年是中国的影碟传播时代，我在碟机上看到这部电影时，并不曾预料自己有一天会置身柬埔寨，并长期客居。我要用在金边最后的时光认真地看一遍这座满载金边现代史记忆的"皇家"酒店，用自己的眼睛仔细地留一个备份。自从在金边的独立碑书店发现了钟斯万的书《时间之河》以来，我边读边译边体验，岂料不足 300 页的书还未读完，我在柬埔寨的日子就要结束了。

还有很多地方，还有很多人，还有很多事……这时才真正体会到了什么叫"时不我待"。

我留恋柬埔寨。除了定居地，除了出生地，金边是我迄今居住时间最长的城市。不到三年时间，我在柬埔寨境内的累积行程少说也有 5 万公里。柬埔寨一个是令我生出乡愁的地方。

二

老实说，对于一个外国人来说，柬埔寨并不是一个十分安全的所在。我回到北京很长时间都没有习惯在大街上步行时掏出手机随意打电话或拍照。直到有一天目光注意到几乎人人都手握着一部手机走路，我才明白自己的手机同样也可以堂皇地在街上晒出。在金边，手机被骑摩托车的少年抢夺去太常见了。金边 200 多万人口，贫穷是赤裸裸地暴露着，

白马市乡村景色

财富也是明晃晃地耀人眼，野性少年不动心才怪。

　　但这并不妨碍柬埔寨持续散发自在的魅力。在整理过去三年里的个人照片库时，我发现自己在职业作品之外，留下了大量有关柬埔寨山川、景物、民生的照片：湄公河上的一片云影，桔井路旁一树火红的凤凰花，古寺墙前的一只飞虫，躲在房梁间的蛤蚧（中国潮州人叫它"金角"，柬埔寨人也用这个音称呼），集市上售卖烤鸡的青春少女忧郁的侧影，化缘僧人明亮的袈裟和锃亮的银钵……我对它无意中记录得有多细致，就印证了它对我无形的吸引力有多大。

　　要感谢当代的数字照相技术，使摄影不再依赖技术操作性较强、耗材量大的物理介质。一台数码相机，无论单反机还是卡片机——其实很多智能手机的摄影功能已经十分强大——都可以大量储存和表现你的视觉记忆。摄影技术，说句不恭之语，其实是你愿意比别人多看几眼；再高级一些，就是你愿意比别人更用心地多看一眼。说到底，当代摄影不过是我们的视觉记忆与记忆呈现，所有这些都取决于你看到了什么。重新检视我这三年的照片库，我发现事实上眼睛比我更信任的文字记录了更多有关柬埔寨的内容。一张二维图片，如果把它降维成文字，我得使用更多的抽象符号来描述它；而如果要把这张图片所包含的物质信息和文化信息全部用文字符号描述出来，那就得消耗更多的功——文字需要时间和技能进行组织，而图片呈现的记忆是即时的。

　　我自认为是一个传统的文字偏好者，这个观念使我每当要为写好的文字配图时，总是冒出另一个想法：这些照片是不是也要扩展成一个文字故事呢？

认为在柬埔寨看到的每一眼都可以写成一个故事或许出自我的幻觉。可以确定的是，我因柬埔寨而结识的每一个人都是一个长长的故事。我一度希望写下他们每一个人的故事，却迷失于当今世界信息传播的困境：新兴社交媒体已彻底摧毁了传奇存在的空间，粉碎了故事的传统价值。大凡故事总有一个闭合的结尾，而现代通信手段的即时性把时空打开，故事就是新闻，而新闻的结尾注定是开放的。假如我在朋友圈里发一条信息给某人，像写新闻报道时与被访者核对事实那样："嗨！我在书里是这样提到你的，没错吧？你还有什么要补充？"那对方是不是要犯尴尬症？

但是与柬埔寨有关的人和物与我有了特殊的关系，它们成了我此后认识世界的一个线索和介质，成了我关于这个世界知识链的一个环节。我想说的不是我对于柬埔寨本身的知识吸纳了多少，而是说，从自"链接"上柬埔寨以来，更多更新的关键词一个接一个地跳转，比如"高棉文"——"梵文"——"婆罗米文"——"婆罗门"——"柬埔寨的印度化时代"——"公元前后全球通商路线"……这些仅仅是举例，事实上每个关键词的导向都不是单一的，它可以有 360 个角度，也可以是一个奇点。

三

柬埔寨社会与高棉民族的每一段历史都堪称人类学的特殊标本。吴哥王朝绵延的 600 多年无疑创造了世界奇迹，高棉民族在他们奉献给神的建筑中表现出惊人的才能。吴哥神庙整体的设计与建造、雕刻的构思与工艺无不需要精密的数学计算能力与敏锐的美学感知力。从古代遗存

中，人们认识的高棉民族是智慧敏锐、富有行动力的创造天才；但是在当代柬埔寨社会，上述特质早已罕见。它们是在岁月中消散无形了呢，还是深深藏匿于每个高棉人的隐性基因中等待再度爆发？

柬埔寨的古遗不仅仅分布在西北的吴哥地区。位于中部磅通省的三波坡雷古遗址，是大唐高僧玄奘在《大唐西域记》中提到的伊奢那城。三波坡雷古现存有上百座古砖塔，年代在公元 3 世纪到 10 世纪之间，个体规模远逊于宏伟的吴哥神庙，但建筑上特殊的纹饰图案却有希腊罗马艺术的影子，也有与中国辽宋时期建筑相近的气象。这里不像暹粒吴哥神庙那样完全印度化。柬埔寨国史上对于自己的纪年缺乏明晰的概念，但是中国关于它的记载自晋代以后则不绝于史书，所以，中国文化圈与印度文化圈，柬埔寨究竟更偏向哪一个？

从三波坡雷古继续向南，过金边，沿 2 号公路就到了茶胶省的吴哥葆苓遗址和达山。据史学家研究，这里是柬埔寨政权的起源地，是中国史载的"水真腊"。

那么中国史籍上所说的"扶南"国呢？从金边沿 1 号公路行驶可达位于波罗勉省的巴山——传说中的柬埔寨文化遗址，中国史书提到的"扶南"。按照谷歌地图的指引，我最后驶入了无人无路的绝境。但在倒车后退的那一刻，在荒草丛生的乡土路旁高处，我豁然看到一所学校，准确地说，是一座整齐阔大的寺院，明亮的黄色乡村校舍只是寺院的组成部分。寺院仍然是村居的中心，孩子们在院子里嬉闹，文明起点遗址就保存在寺院的一角。所谓文化遗址，只是几尊破损的石像。

柬埔寨古文明围绕着祖先崇拜而延续。"达"意为男性祖先。达山、塔布伦寺（达布隆寺），这是于名的表现；三波坡雷古大大小小的砖塔内供奉的几乎都是"林伽"——直观的男性生殖器石像；吴哥的神庙也多是供奉湿婆大神的（小吴哥除外），而林伽便是湿婆的本体。在规模不一的神庙里，林伽与优尼（女性生殖器）合一的雕像是永恒的主体。

四

然而能以微小人口规模（目前通常引用的人口数据为 1 400 万）奇

"水真腊"茶胶省一带乡村景色

迹般延绵近 2 000 年之久的柬埔寨似乎是容易失忆的族群。柬埔寨能够在近代引起外部世界的兴趣，进而唤醒自身族群的认知与记忆，居功至伟的人物有两个：一个是中国的周达观，另一个是法国博物学家亨利·穆奥。

1296 年，温州人周达观以元朝使者的身份抵达柬埔寨，在吴哥居住了一年有余。按其所述，他是身负官家使命的公务人员，奉命随更高级的官员到"真腊"去做"招抚"工作。1297 年秋，周达观安全返乡（没有像此前被派往邻国占婆的使节那样在当地被拘杀），并在其笔记《真腊风土记》中记录了他所居国都的繁华景象。

1861 年，法国博物学家亨利穆奥到东南亚中南半岛采集标本，同年病逝于热带丛林。第二年，他的旅行日记《暹罗柬埔寨老挝诸王国旅行记》经他的弟弟整理后在巴黎出版。穆奥在日记中用文字和铅笔画描述了他的惊人发现：柬埔寨西北丛林掩蔽着巨型神庙和一座完整的废弃城市。

博物学家和外交使节造访的是同一个地方，都认真记录了他们所看到的景物，结果却大不相同。颇为奇怪的是，现存《元史》对周达观参与的这次外交活动只字未提，而对于此前 1285 年和 1292 年与柬埔寨的两次通使活动皆有详细记载。所以关于周达观此行功成与否、如何向朝廷复命等信息不详，周达观所记述的内容近乎成了孤证。《真腊风土记》后被收录于明代人所辑的《古今说海》《古今逸史》、清代人所辑的《古今图书集成》《四库全书》等丛书，往往被当作奇风异俗读物。1819 年，法国学者雷慕沙在《古今图书集成》中注意到这本书，并译为法文出版。

已故博物学家的日记《暹罗柬埔寨老挝诸王国旅行记》出版后却在法国引起轰动。穆奥的发现印证了周达观记录的真实性。穆书出版的第二年，即 1863 年，法国政府即把柬埔寨纳入自己的保护范围，开始了在东南亚三国长达 90 年的殖民统治。1902 年，法国学者伯希和根据《古今说海》本重新翻译校注了周达观的《真腊风土记》，此时法国远东学院已经成立，法国人以中国史籍为基础，以语言学为工具，展开对柬埔寨古代神庙的调查研究与修复保护工作。这也意味着，中国作为柬埔寨历史的记录者（书写者）与保存者的位置，已经被法国及西方所接替。

这种接替不是偶然，而是一种早已出现的趋势。

1 磅湛省湄公河上的渔夫和岸边的法式钟楼
2 柬埔寨旱季景色：棕糖树和牛

五

我在金边期间，孙东哲先生在国内为我搜集了各种与柬埔寨有关的书籍，大部分是中国出版于20世纪20年代至50年代的东南亚史学丛书，其所涉范围即中国早先侨民所说的"南洋"。简陋的书封上出现最频的字样是著、译以及校注者"冯承钧"和"尚志学会丛书"。冯承钧先生的资料在网上可以查到，他在中外交通史上的研究成果可谓空前绝后。"尚志学会"在汉语世界里现在几乎已不为人所知，至少境内中文互联网上搜不到相关信息。

丛书之一《槟榔屿志略》的作者序中有这样一段话："余尝谓国人注意南洋文化，自汉以降，代有其人，如隋唐有四方馆之创设，大明有四夷馆之成立，至清初尚有四译馆。凡此皆研究南洋语言文物之机关也，明京山王宗载有言曰：'遐陬裔怀，声教隔阂，语言文字，各成一家，典象胥者不有专业，何以宣圣德而达夷情，此四夷馆之设，献虑甚宏远也。'谁知此种献虑，未尝宏远，近百年来，戛然而止。于是研究南洋学术，竟为后起之西人所独擅矣。……南洋学术之荒落，未能与欧美并驾齐驱，岂不宜哉。"

《槟榔屿志略》是小32开仅105页的草纸小册子，由商务印书馆刊印于1942年，其时中国正值抗日战争的艰苦时期。无论庙堂之上还是江湖之远，有志之士开始反思边疆地理的重要性。当时的国民政府特设机关招募人才从事研究工作，作者张礼千即在其中。张礼千在序中指出，英国在1786年租占槟榔屿，以此为跳板，向东入侵，自此之后，英在南海势力扩及中华，终至1842年占领香港。

三波坡雷古砖雕飞宫

$\dfrac{1}{2}$

1 三波坡雷古遗址被树木缠绕的砖塔

2 三波坡雷古遗址古建筑上细致的草叶雕刻纹饰

南海问题始于西强东进，而且如果不加遏制，将引发更大的祸患。这在张礼千那里已经有了清醒的认知。因此不难理解在日本投降后，为何当时中国政府即派员到南海诸岛、琉球岛恢复故土，"主办建碑、测图及调查诸事宜"，并由当时"内政部"于 1947 年、1948 年出版两种方域丛书《南海诸岛地理志略》和《琉球地理志略》。可见，国际条约对划定今日世界格局固然重要，但是形成地域知识体系方能看清可能达到或探知的边界。因此，博物学者对当今世界版图的描绘具有原创性的贡献。

在柬埔寨，找一本英文版的周达观《真腊风土记》或穆奥的旅行日记，要比找寻一本中文版《真腊风土记》容易得多。在金边坡成栋国际机场的书店，举目都是各种有关柬埔寨的英、法文版图书。中国与柬埔寨虽然交往密切，但中国对它的研究至今"仍未能与欧美并驾齐驱"，周达观白白领先 565 年到达吴哥。

此时，我想起北京歌德学院的创建人阿克曼——当时他的身份是中国孔子学院的顾问——在金边对我说的一句话：中国现在迫切需要的是理解他者文化的能力。

柬埔寨省湄公河畔采棕糖的柬埔寨少年

参考书目

1. 冯承钧.瀛涯胜览校注 [M].北京 : 中华书局 ,1955.

2. 夏鼐.真腊风土记校注 [M].北京 : 中华书局 ,1981.

3. 冯承钧.诸蕃志校注 [M].北京 : 中华书局 ,1956.

4. (法)马伯乐.占婆史 [M].冯承钧,译.北京 : 中华书局, 1956.

5. 傅角金.南海诸岛地理志略 [M].北京 : 商务印书馆 ,1947.

6. 姚枏,张礼千.槟榔屿志略 [M].北京 : 商务印书馆 ,1942.

7. (法)玛格丽特·杜拉斯.抵挡太平洋的堤坝 [M].张容,译.辽宁 : 春风文艺出版社 ,2000.

8. 黄雄略.柬埔寨志略 [M].南京 : 中正书局, 1947.

9. (澳)Lonely Planet 公司.柬埔寨 [M].北京 : 读书新知三联书店 ,2010.

10. Chandler D.P., *A History of Cambodia. Boulder, Colorado*: Westview Press, 2007.

11. Lawrence P.B., *The Ancient Khmer Empire.* White Lotus Press, 1999.

12. Swan J., *The River of Time.* New York: Vintage Books, 1998.

13. James C.M.Khoo., *Art & Archaeology of Fu Nan: Pre-Khmer Kingdom of the Lower Mekong Valley.* Bangkok: Orchid Press, 2003.

14. Burgess J., *Stories in* Stone. Bangkok: River Books Press, 2010.

15. Brinkley J., *Cambodia's Curse: The Modern History of a Trouble Land.* New York: Public Affairs Books, 2011.